Donatella Di Cesare

Vírus soberano?

A asfixia capitalista

Vírus soberano? A asfixia capitalista
Virus sovrano? L'asfissia capitalistica
Donatella Di Cesare
© Bollati Boringhieri editore, Torino, 2020
© Editora Âyiné, 2020
Tradução: Davi Pessoa
Preparação: Ana Martini
Revisão: Andrea Stahel
Projeto gráfico: Luísa Rabello
Imagem de capa: Julia Geiser
ISBN 978-65-86683-23-3

Editora Âyiné
Belo Horizonte, Veneza
Direção editorial: Pedro Fonseca
Assistência editorial: Érika Nogueira Vieira, Luísa Rabello
Produção editorial: André Bezamat, Rita Davis
Conselho editorial: Lucas Mendes de Freitas,
Simone Cristoforetti, Zuane Fabbris
Praça Carlos Chagas, 49 – 2º andar
30170-140 Belo Horizonte – MG
+55 31 3291-4164
www.ayine.com.br
info@ayine.com.br

Donatella Di Cesare
Vírus soberano?
A asfixia capitalista

Biblioteca antagonista 34

Tradução de Davi Pessoa

Âyiné

Sumário

11 O mal que vem

17 Entre cálculos e prognósticos.
Sobre o «fim do mundo»

25 A asfixia capitalista

29 Onipotência e vulnerabilidade

35 Estado de exceção e vírus soberano

41 Democracia imunitária

55 O governo dos especialistas:
ciência e política

61 Fobocracia

65 Plenos poderes?

71   O contágio do complô

81   Manter distância

91   Pandemia psíquica

95   Confinamento e vigilância digital

101   Crueldade do crescimento

107   O *lockdown* das vítimas

117   A catástrofe da respiração. Indenes?

A catástrofe será desencadeada por um evento imprevisível [...]. O que apenas alguns viram, de repente, ficará evidente para a maioria: a economia organizada em vista do «sentir-se melhor» é o principal obstáculo para o «sentir-se bem».
Ivan Illich, *Convivialidade*

Sem fôlego pela falta de ar na irrespirável luz noturna.
Hermann Broch, *A morte de Virgílio*

Esplendor, que não sabe confortar.
Os mortos, Francisco, ainda imploram.
Paul Celan, *Assis*

O mal que vem

Já estava no ar havia algum tempo. Muitas pessoas continuaram a vida ignorando-o, por descrença, por suspeita, ou apenas por resignação. De repente, tudo parou — tal como deixa de funcionar um mecanismo desgastado, que girou muitas vezes ao redor de si mesmo. Um silêncio fantasmagórico desabou, dilacerado pelo som agudo das sirenes.

Apesar das cores ensolaradas, que tingem as ruas na primavera, tudo está permeado por um espanto sombrio. Desapareceram as mesas dos bares, foram diluídas as vozes dos estudantes. Sobre o asfalto abafado correm velozes os ônibus semivazios, vestígios do mundo febril de antes, como notas desafinadas.

Cada pessoa analisa quem está a seu lado, de uma janela a outra. Na calçada, dois conhecidos vão ao encontro um do outro com ímpeto espontâneo, mas a saudação se transforma em um aceno amargo que dissuade o interlocutor, que pede distância.

A cidade eterna, após séculos de história, mantém a respiração. Numa apneia atordoada, numa espera angustiante.

É um evento histórico, que determina um antes e um depois, e já transformou o século XXI e até mesmo a maneira de vê-lo. Desorientados e perplexos, muitos repetem que é «sem precedentes». E é correto adjetivar desse modo a pandemia global desencadeada pelo novo coronavírus. Um evento — sabe-se — jamais é um *unicum*, até porque se insere na trama da história. Entretanto, neste caso, as comparações com os acontecimentos do passado, mesmo recentes, não estão muito afinadas, soam estridentes. O século XX parece ter subitamente se distanciado como nunca. Eis por que corre o risco de se enganar quem usa lentes do século XX para decifrar o que está acontecendo agora.

Como não considerar, portanto, um choque mais próximo, o do Onze de Setembro? A comparação já foi feita. Com a queda das Torres Gêmeas — um ato terrorista testemunhado ao vivo por todo o mundo — inaugurou-se, em 2001, o terceiro milênio. No entanto, as diferenças são claras. Embora tenha sido o primeiro acontecimento global, para muitos foi um drama perturbador, mas visto de longe, filtrado pela tela dos televisores. Foram levantadas questões éticas sobre a «dor dos outros», sobre aquelas imagens não raramente espetacularizadas, e por um longo tempo foram tema de debates as questões políticas provocadas pela «guerra ao terror» e pelo incipiente estado de emergência. A queda não afetou, porém, realmente, o curso da história, o desenrolar das décadas, do pós-guerra até hoje, ainda dominadas pela confiança no progresso, voltadas para o crescente bem-estar.

Invisível, impalpável, etéreo, quase abstrato, o coronavírus ataca nossos corpos. Não somos mais apenas espectadores — somos vítimas. Ninguém se salva. O ataque foi lançado no ar. Sorrateiramente, o vírus mira a respiração, rouba o fôlego e provoca uma morte horrível. É o vírus da asfixia.

O mal que vem é um biovírus assassino, um germe catastrófico. Mas desta vez não é uma metáfora. É o corpo físico que fica doente — o corpo desgastado da humanidade —, o organismo nervoso, cansado, submetido há anos a uma tensão intolerável, a uma agitação extrema. Até chegar à apneia. Talvez não seja por acaso que o vírus prolifera nas vias respiratórias, pelas quais passa o sopro da vida.

O corpo escapa do ritmo acelerado, não mais se sustenta, cede, para.

É o temido acidente do futuro? Qualquer diagnóstico seria apressado. No entanto, somos levados a acreditar que não é um infortúnio, um contratempo, um episódio periférico, mas sim um evento fatal que irrompe no coração do sistema. Não é só uma crise, é também uma catástrofe em câmera lenta. O vírus deteve o dispositivo. O que se vê é uma convulsão planetária, o espasmo produzido pela virulência febril, fim da aceleração em si mesma, que chegou inexoravelmente ao ponto de inércia. É uma tetanização do mundo.

Tudo parece deter-se em uma contração amarga, em uma reação em cadeia, em um efeito viral. É o fracasso inesperado (embora já há tempos previsível!), o colapso interno. A engrenagem gira no vazio. Pode-se quase ouvir a dissonância dos metais que não estão mais em harmonia. Como é impossível decifrar a ordem secreta das catástrofes, então é difícil dizer o que essa suspensão enigmática traz consigo. Que o biovírus seja um último e dramático sinal de alarme? Que ainda seja colocada à prova nossa resistência vital antes do colapso final?

O que o coronavírus desencadeou não foi uma revolução, como alguém pode supor, mas, antes, uma involução. O que não quer dizer, no entanto, que essa parada súbita não possa ser uma pausa para reflexão, um intervalo antes de um novo começo. O que surge claramente é a irreversibilidade.

Não se pode esconder o desejo de mudança que nos últimos anos vem aumentando por causa de um sistema econômico injusto, perverso e obsoleto, cujos efeitos são a fome e a desigualdade social, a guerra e o terror, o colapso climático do planeta, o esgotamento dos recursos naturais. Agora, porém, é um vírus que perturba o mundo. Não é o evento que se esperava — aquele que, na tempestade incessante, entre os escombros do progresso, teria acionado o freio de emergência da história.

O vírus inesperado suspendeu a inevitabilidade da monotonia, interrompeu um crescimento transformado, neste intervalo de tempo, em um tumor incontrolável, sem medida e sem fins. Toda crise sempre contém a possibilidade de redenção. O sinal será ouvido? A pandemia violenta também é a chance de mudarmos algo? O coronavírus retirou os corpos da engrenagem da economia. Tremendamente mortífero, ele é, no entanto, também vital. Pela primeira vez a crise é extrassistêmica; mas isso não significa que o capital não saberá necessariamente tirar proveito dela. Se nada for como antes, tudo poderá cair no irreparável. O freio foi acionado — o resto cabe a nós.

Entre cálculos e prognósticos.
Sobre o «fim do mundo»

Aparentemente, a epidemia não era tão imprevisível. Havia sido, aliás, anunciada várias vezes nos últimos cinco anos. Não falo nem de cenários fictícios, nem de visões escatológicas. Já em 2017, a OMS (Organização Mundial da Saúde) alertou que a pandemia era iminente, era só uma questão de tempo; não era uma hipótese abstrata. Em setembro de 2019, uma equipe do Conselho de Monitoramento da Preparação Global, formada por especialistas do Banco Mundial e da OMS, escreveu em um relatório: «A ameaça de uma pandemia global é real. Um patógeno tem o potencial de, rapidamente, matar dezenas de milhões de pessoas, devastar economias e desestabilizar a segurança nacional».

Como é possível que esse alarme tenha caído no vazio? A questão diz respeito à ciência, antes mesmo de dizer respeito à política. A suspeita é a de que o capitalismo acadêmico não fomente a pesquisa. Conhecimentos são oferecidos, fornecem-se indicações, perspectivas são delineadas, mas todas as investigações permanecem nas bibliotecas dos governos, nos gabinetes dos ministérios. O esforço dos cientistas acaba por se reduzir à vã produção literária.

Os resultados científicos acolhidos externamente também correm o risco de se revelarem ineficazes devido à falta de colaboração. Existe um tratado internacional estipulado em 2005, sob os auspícios da OMS, *que foi desconsiderado neste período. Apesar dos avisos contínuos, cada Estado seguiu teimosamente sua política, muitas vezes confusa e improvisada, fazendo crer que o vírus era um problema dos outros e chegando inclusive — como Trump ou Bolsonaro — a negar o perigo até o último instante.*

Pode-se dizer que a pandemia global desencadeada pela Covid-19 seja o terceiro grande acontecimento do século XXI. Após o ataque terrorista do Onze de Setembro, não se pode de forma alguma esquecer a grave crise financeira de 2008 que, provocada por uma bolha imobiliária, desencadeou ao longo dos anos, mediante mecanismos de contágio, uma recessão global e uma dívida enorme. Muitas são as semelhanças entre as crises financeira e sanitária. As finanças também têm os seus vírus. Mas, para além das metáforas, a Covid-19 vem do corpo e a partir do exterior detém a engrenagem capitalista. Os vínculos, no entanto, entre aquela conjuntura e a atual, são rigorosos. Uma crise vincula-se à outra, e, aliás, a anuncia e a prepara, numa espécie de cadeia catastrófica ininterrupta.

A aurora do terceiro milênio é caracterizada por uma enorme dificuldade em imaginar o futuro. Teme-se o pior. Já não há espera ou abertura para o futuro. O futuro parece fechado, destinado, na melhor das hipóteses, a reproduzir o passado, reiterando-o em um presente que tem os traços de um futuro anterior.

Não por acaso, pesquisas, conjecturas, previsões multiplicam-se em ritmo exasperado. Surge, nesse caso, a vontade de dominar o «pior futuro», de controlá-lo com cálculos. Esse é o selo e a marca da nossa época, na qual o tempo que vem é a ameaça que paira no céu poluído. Prevalece uma espera cheia de angústia, cheia de apreensão.

O «fim», terrível e imperscrutável, agitou o mundo ao longo dos séculos. Mas esse fim tem hoje um significado real. Não se trata mais apenas de um «fim da história», a macabra profecia neoliberal que nas últimas décadas repetiu *there is no alternative!*, não há alternativa para a implacável economia do capital.

O «fim do mundo» agora é assumido como uma obviedade, em primeiro lugar pelas ciências empíricas: climatologia, geofísica, oceanografia, bioquímica, ecologia. Mas não podemos ignorar os inúmeros chamados de filósofos e antropólogos. Deborah Danowski e Eduardo Viveiros de Castro questionaram os medos do «fim» no ensaio *Há mundo por vir? Ensaio sobre os medos e os fins*, publicado em 2014. Foram especialmente duas mulheres, Isabelle Stengers e Donna Haraway, que falaram de resistência em «tempos catastróficos» de destruição capitalista e de sobrevivência em um «planeta infectado».

The last age, a última era, a época do fim — assim a chamou Günther Anders, o filósofo que, talvez mais do que os outros, chegou a preconizar o extermínio da humanidade, lançando um poderoso alerta contra o suicídio que, já então, parecia se destacar inevitavelmente no horizonte. Pouquíssima coisa mudou desde os anos do imediato pós-guerra, período em que Anders escrevia. Passamos do inverno nuclear ao aquecimento global. De resto, apesar de todas as tomadas de consciência, a corrida em direção ao desastre ecológico não foi controlada.

Isso, infelizmente, ocorre outra vez: a iminência do fim tem para nós, que vivemos no terceiro milênio, um caráter histórico. Não mais apenas cosmológico. A certeza histórica do fim marca uma época que ganha forma em um cenário apocalíptico, no qual faltam ressonâncias teológicas e promessas políticas. O apocalipse emerge em plena modernidade laica e científica. O mal que vem é anunciado durante a corrida de uma humanidade que luta contra a própria autodestruição.

Ganha espaço a ideia de que a morte do indivíduo pode coincidir com o fim do mundo. Nada restaria depois, nem a memória alheia, nem a memória compartilhada, nem legado, nem herança. Portanto, tudo teria sido em vão. O que a humanidade construiu no decorrer dos séculos e dos milênios terminaria para sempre, em um extermínio que é mais complexo do que uma simples extinção. Nos múltiplos milenarismos do passado, podia-se fantasiar acerca do fim dos tempos entre crenças, esperas e delírios. Somos, hoje, os primeiros que devem acreditar no fim — sem sucesso. Somos os primeiros que têm de pensar que talvez sejamos de fato os últimos.

Morre a ideia de progresso, mas também desaparece a confiança de que seja possível afetar o curso dos acontecimentos, evitando o inevitável, melhorando os destinos humanos. Parece já não haver resgate, nem reparação, nem salvação. A esperança parece condenada a ser letra morta. Os sofrimentos vividos no presente não encontram promessa de compensação na justiça por vir. Tudo se revela terrivelmente irrecuperável. Precisamente porque a história perde sentido, cada existência faz história de si mesma, dispersa e separada em um destino especial e indecifrável. São cortados os laços com outras existências e histórias singulares. Torna-se, portanto, impossível ler a própria derrota em uma história cujo êxito ainda não foi decidido, ver a própria vida como contribuição para a construção de outro mundo, o mundo da bem-aventurança celestial ou da justiça terrena na sociedade sem classes. Deixa-se como herança um mundo pior e rompe-se o pacto atávico entre as gerações: pais repreendem seus filhos que, por sua vez, repreendem seus pais.

Essa é a privatização do futuro, fonte não apenas de angústia, mas também de violência generalizada. A existência é entregue ao período de sua única vida física, voltada à própria biografia, na qual se concentram todas as expectativas. É por isso que o corpo assume um valor tão decisivo, no qual a luta contra o limite da morte é disputada até o fim. Como se tornam absolutamente intoleráveis a dor, a doença, a velhice, do mesmo modo o prazer, a amizade e o amor representam dons irrepetíveis arrancados do luto da catástrofe, tornando-se momentos pontuais e descontínuos de um presente colhido em si mesmo numa luta incessante contra todos. Cada um cultiva sua própria utopia individual, uma quimera feita de sucesso, riqueza e prestígio. A maior parte das pessoas é destinada a naufrágios. Como cumprir as promessas precipitadas? Como fazer coincidir com a realidade essas fantasias narcísicas? As privações e os sacrifícios, mal suportados porque não lidos em uma perspectiva histórica comum, deixam espaço para impotência, frustração e raiva.

Assim, vem à luz a derrota da política que, sem impulso, concentrada no presente sem amanhã, prossegue de emergência em emergência, tentando alinhar os eventos para tirar proveito deles. A irresponsabilidade, isto é, a falta de respostas para as gerações futuras, parece ser a sua característica peculiar.

O desastre anunciado aumenta a impotência. Já é muito tarde? Todos esses alarmes traem — quem sabe — um catastrofismo prematuro. Não seria justamente a ciência que nos reservaria uma surpresa no último minuto? Talvez. Mas é o próprio funcionamento da civilização técnico-científica que, com seus padrões de bem-estar e com seus cânones de prosperidade (a menos que não os revejamos), não deixa muito espaço para ilusões.

A asfixia capitalista

Teve de surgir um vírus maligno para nos impor uma pausa. Impossível não pensar imediatamente neste paradoxo bizarro e trágico: vamos recuperar o fôlego, respirar um pouco, mas apenas por causa do perigo iminente, porque a Covid-19, a doença da asfixia, ameaça nossa respiração.

Não sabemos mais o que significa «descanso», aquela «pausa» intensa, para nós muito próxima ao entorpecimento do sono ou, de fato, ao sono eterno da morte. Dizemos, precisamente, «descanse em paz». Talvez também por essa relação o descanso nos cause angústia. O vírus, do mesmo modo, nos lembra disso.

De repente a respiração assume um valor inédito. Fala-se, em todos os lugares, de respiração e de oxigênio. Enquanto o ar nas cidades se torna menos poluído, nas terapias intensivas dos hospitais médicos e enfermeiros lutam todos os dias para evitar a asfixia mortal e irreparável. Depois de tudo o que tem acontecido, a respiração não deve mais ser uma obviedade.

O vírus vagaroso venceu a aceleração. Temporariamente — espera-se. A interrupção que provocou não tem as cores das festas, mas os traços lúgubres e sombrios de um epílogo. No entanto, nessa parada forçada, a aberração do frenesi de ontem vem à luz — a ansiedade, a hiperatividade, o fôlego curto.

A asfixia temporal é o mal sombrio dos últimos anos. Inadequação, ansiedade e pânico permeiam a existência condenada ao medo do instante seguinte que, embora iminente, já desapareceu. Não só não conseguimos parar. Mais que isso: não conseguimos parar no tempo, no qual já não encontramos morada. Todos os instantes são agora inabitáveis.

O tempo já parece consumido antes mesmo de ser concedido. Estamos sobre escadas rolantes que descem cada vez mais rapidamente. Corremos para o alto para escapar do abismo. São de pouca utilidade as fugas extemporâneas e fictícias, as revoltas privadas ou os pequenos boicotes, muitas vezes comprados a preços altos. Os oásis de desaceleração e as estratégias de retardamento são apenas paliativos momentâneos.

Ninguém escapa da economia vertiginosa do tempo na era do capitalismo avançado. Aparentemente, somos livres e soberanos. Mas, se observarmos bem, o imperativo de crescimento, a obrigação de produção e a obsessão por desempenho significam que, sutilmente, liberdade e restrição talvez se tornem a mesma coisa. Vivemos em uma liberdade constritiva ou em uma constrição livre. Caso contrário, não poderíamos aguentar o desafio cotidiano que nos deixa exaustos, sem fôlego. Se à noite sentimos uma vaga sensação de culpa, certamente não é pelas leis éticas contornadas, nem pelos mandamentos religiosos evadidos, mas sim por não termos mantido o passo, por não termos acompanhado o ritmo convulsivo do mundo operado em alta velocidade.

A rapidez mergulha no êxtase, a aceleração acaba na inércia. Na frenética situação de paralisação, o perigo aumenta. Especialmente porque, se as elites internalizaram as normas de aceleração, os trabalhadores são forçados a ritmos alienantes, enquanto sobre os desempregados a exclusão se agrava. Mas o controle sobre a máquina da aceleração parece agora ter escapado.

Frear, sabotar? Como parar a corrida alucinada, evitando, no entanto, o salto autodestrutivo? Como parar a engrenagem maléfica que vampiriza nosso tempo e arruína nossas vidas?

O mal que vem, observando bem, já havia chegado. Era preciso estar cego para não ver a catástrofe batendo à porta, para não reconhecer a velocidade maligna do capitalismo que a desconhece, não podendo ir mais longe, envolvendo-a em sua espiral devastadora, em seu vórtice compulsivo e asfixiante.

Onipotência e vulnerabilidade

Pela primeira vez, um ser invisível e desconhecido, quase imaterial, paralisou toda a civilização humana da técnica. Isso jamais havia acontecido — e em escala planetária. Dogmas antigos foram pulverizados, certezas sólidas foram profundamente abaladas. Tudo já mudou: axiomas econômicos, equilíbrios geopolíticos, formas de vida, realidades sociais.

Mas a transformação histórica gera ansiedade porque é uma reversão real de perspectiva. Até ontem podíamos nos considerar onipotentes entre os escombros, os primeiros e os únicos até mesmo no primado da destruição.

Essa primazia foi tirada de nós por um poder superior ao nosso e ainda mais destrutivo. Que seja, então, um vírus, uma ínfima porção de matéria organizada, torna o evento ainda mais traumático. Até a menor criatura pode nos destronar, nos destituir, nos derrotar. Talvez a vida no planeta tome novas direções. Enquanto isso, devemos reconhecer que não somos onipotentes como presumíamos. Pelo contrário, somos extremamente vulneráveis.

Nem castigo divino, nem nêmesis da história. É difícil não reconhecer na pandemia a consequência de escolhas ecológicas míopes e devastadoras. A Terra foi tratada como um enorme depósito, um depósito de escórias e de resíduos, um monte de ruínas. No entanto, não se pode salvar o planeta sem transformar o mundo. A ecologia, que ainda não foi libertada de conceitos patriarcais e considera a Terra o *oikos*, a esfera doméstica da vida, terá de mudar radicalmente. A relação entre ecologia e economia é flagrante. O colapso ecológico é o produto do capitalismo. A fusão entre tecnoeconomia e biosfera está sob os olhos de todos — assim como os resultados mortíferos. Chama-se de Antropoceno a idade da Terra condicionada ao domínio humano, na qual a natureza foi irreparavelmente erodida. Mas esse processo violento não teria sido possível sem a incandescência do capital. É por isso que uma nova maneira de habitar a Terra é impensável sem escapar da economia planetária da dívida.

O realismo capitalista absorveu todos os focos de resistência imaginativa, indicando o horizonte último nesse sistema. Foram, portanto, erguidos e reforçados muros para esconder qualquer outra possibilidade. Vivemos no presente asfixiado de um globo sem janelas, que pretendeu se imunizar de tudo o que está fora, que se encontra além, e assim por diante. Prevaleceu o fechamento, venceu a pulsão imunitária, a vontade obstinada de ficar intacto, íntegro, ileso. A xenofobia, o medo do estrangeiro, e a *exofobia*, o medo abismal de tudo o que é externo, que vem de fora, são os danos colaterais inevitáveis. Prever o futuro para evitá-lo. Nesse regime policial preventivo, condenado ao alarme prolongado e à letargia exaustiva, qualquer alteração foi exorcizada.

A pandemia põe tudo isso em evidência e revela a nossa doença de identidade. Nas últimas páginas de seu livro *Métamorphoses*, lançado no início de 2020, Emanuele Coccia definiu o vírus como uma força de transformação. Porque circula livremente de corpo em corpo, contamina, altera. Impossível evitar a metamorfose viral, a menos que não se queira proteger a própria vida. Não somos os mesmos de ontem; nossa carne não cessa de mudar. Cada um traz consigo o sinal de outras formas das quais a vida se apoderou e transformou. É vã, portanto, a pretensão de não se contaminar.

Sem acabar quase que tomando as dores do vírus, ou falando talvez em seu nome, é necessário considerar sua capacidade transformadora que, capaz até mesmo de mudar a face do planeta, justamente por isso intimida e assusta. Como Jean Baudrillard escreveu anos atrás, o vírus é «o gênio maligno da alteridade». Nesse sentido, é o pior e o melhor: infecção letal e contágio vital. Na sua inumanidade radical se encontra o outro, completamente desconhecido, que, no entanto, não é diferente de nós.

O vírus é o sinal extremo, o sintoma obscuro dessa doença de identidade que aparece aguda em locais com ar condicionado e purificado, em espaços assépticos da imunidade artificial, dos quais o outro foi expulso e o si-mesmo, que queria viver em segurança diante de qualquer estranheza, começa a se devorar. Os anticorpos, que deveriam defendê-lo, tendem a atacá-lo. Então, propagam-se patologias misteriosas, distúrbios imponderáveis nascidos da própria desinfecção. Superprotegido e desarmado, o si-mesmo descobre estar dramaticamente vulnerável. É a ausência do outro, seu cancelamento, que põe em circulação e provoca a alteridade incapturável do vírus.

A guerra dos Estados nacionais contra os migrantes, ou seja, a lógica imunitária da exclusão, manifesta-se hoje em toda a sua crueldade ridícula.

Nada nos preservou do coronavírus, nem mesmo os muros patrióticos, as fronteiras ostentosas e violentas dos soberanos. A pandemia global mostra a impossibilidade de se salvar — a não ser com ajuda mútua.

É por isso que este evento deveria nos fazer repensar nosso modo de habitar, que não é sinônimo de ter, possuir, mas de ser, existir. Não significa estarmos enraizados na terra, mas respirarmos o ar. Tínhamos nos esquecido disso. Existir é respirar. É a existência que emerge, que descentraliza, migra, inspira o ar do mundo e o exala, projetando-o para fora de si, mergulhando e emergindo, participando assim da migração e transformação da vida. Isso não significa estar à deriva no Cosmo. A respiração que retorna, o movimento rítmico que marca o nosso estar no mundo, sugere que somos todos estrangeiros, hóspedes temporários, migrantes entre si, residentes estrangeiros.

O vírus atingiu nossa respiração, quando a doença da identidade já havia aparecido fazia muito tempo. Expôs nossa vulnerabilidade. De repente, descobrimos que estávamos expostos. Não somos impermeáveis, resistentes, imunes. No entanto, a vulnerabilidade não é uma privação. Judith Butler nos convidou a interpretá-la como um recurso e indicou precisamente no luto, na morte dos outros, essa experiência que perturba profundamente, que desconcerta o eu soberano. Talvez, por meio da perda do outro, do luto coletivo, devêssemos traçar uma nova política da vulnerabilidade.

Estado de exceção e vírus soberano

O coronavírus assim se chama por causa da auréola característica que o rodeia. Uma auréola sugestiva e temível, uma coroa poderosa. É um vírus soberano já no nome. Escapa, brilha, atravessa fronteiras, segue em frente. Zomba da soberania que teve a pretensão de ignorá-lo grotescamente ou de tirar proveito dele. E passa a ser o nome de uma catástrofe ingovernável que desmascarou, em todos os lugares, os limites de uma governança *política reduzida a administração técnica. Porque o capitalismo — sabemos — não é um desastre natural.*

Quando falamos em «estado de exceção», pensamos como essa fórmula foi teorizada por Giorgio Agamben, em seu célebre livro *Homo sacer. O Poder soberano e a vida nua*, publicado em 1995. A partir dele, a filosofia política se transformou em termos e conceitos. A exceção é um paradigma de governo mesmo na democracia pós-totalitária — que mantém, portanto, uma relação perturbadora com o passado. Efetivamente, não se pode deixar de constatar todas as disposições tomadas no âmago da urgência, os decretos que deveriam ser excepcionais e que se tornaram, em vez disso, a norma. O poder executivo intimida os poderes legislativos e judiciários; o Parlamento é cada vez mais desautorizado. É difícil não concordar com a visão que agora descreve a prática política cotidiana.

Quando articula sua posição, Agamben volta a reativar as palavras do controverso jurista alemão Carl Schmitt: «Soberano é quem decide sobre o estado de exceção». Mas também retoma as teses de Michel Foucault e de Hannah Arendt. Ambos, de diferentes maneiras, refletiram sobre o governo das vidas na democracia liberal.

Hoje, mais do que nunca, as opiniões diferem. Há um neoliberalismo generalizado, às vezes inconsciente, que vê na atual democracia a panaceia de todos os males, sinônimo de discussão pública. Outras posições, em vez disso, consideram, com um olhar muito crítico, uma democracia esvaziada, cada vez mais formal, sempre menos política. Por um lado, dispositivo de *governança* que procede por decretos, por outro, relatório de notícias que sublimam o povo na opinião pública.

Falar em «estado de exceção» não significa pensar que a democracia seja a antecâmara da ditadura, nem que o primeiro-ministro seja um tirano. Ao contrário, significa constatar, pela enésima vez, mesmo no caso da pandemia, a legislação por decreto que suspende as liberdades democráticas.

O poder soberano, em sua síntese crua e extrema, é o direito de dispor da vida das pessoas até fazê-las morrer. Mas o «soberano» ao qual hoje se faz referência não é o monarca do passado. Não é o tirano que, com seu arbítrio flagrante e sua violência brutal, condenava alguém à morte na forca. Contudo, a figura da exceção soberana também permanece nos regimes modernos; mas passa em segundo plano, torna-se sempre menos legível, precipita-se na prática administrativa. Sem perder a importância política. O agente desse poder é o funcionário subalterno, o burocrata de serviço, o vigilante obstinado. Em resumo: a instituição democrática repousa, por mais inconfessável que seja, na exceção soberana. O velho poder continua a operar nos interstícios e nas áreas à sombra do estado de direito.

O monstro cochila na administração — aquela que, por infração, cinismo, incompetência, não comprou a tempo os respiradores para as terapias intensivas, expondo friamente os «mais velhos», deixando-os morrer. Os exemplos, porém, são incontáveis. Dos migrantes afogados no mar, ou entregues à tortura de zelosos guardas líbios, aos sem-teto deixados à margem das estradas, aos prisioneiros mortos pelo uso de metadona depois de rebeliões. Nenhum cidadão jamais pensa que pode ser a sua vez.

O paradigma do «estado de exceção» permanece válido, mesmo que em muitos aspectos pareça pertencer ao século xx; a crítica que pode ser feita a Agamben diz respeito ao poder moderno cada vez mais intrincado e a uma soberania de forma alguma monolítica. O direito soberano se exerce na contenção e na exclusão em um dispositivo complexo e dinâmico. Não é um acaso que os Estados se deslegitimem reciprocamente. E o que importa é a imunidade: soberano é quem protege do conflito generalizado no espaço externo, quem biocontrola e salvaguarda, em um confronto memorável, que domina a narrativa ocidental, entre âmbitos progressistas da democratização, nos quais têm o direito de habitar os imunes, e os subúrbios da barbárie, em que todos os outros podem ser expostos. Nessa história fabulosa não se fala na violência policial que a soberania pós-totalitária é legitimada a exercer sobre os «outros» e, do mesmo modo, se negligenciam os perigos que recaem sobre os imunes e os supostos imunizados.

O biopoder é hoje sempre mais *psicopoder* — um recai no outro, como mostra o procedimento técnico-sanitário e o domínio da *bioteletecnologia*. Quem fomenta a paixão pela segurança brinca com o fogo do medo e acaba por ele queimado. Tudo pode escapar de seu controle. O modelo é o da técnica: quem a usa, é empregado, quem dela dispõe, é deposto. A *governança* político-administrativa, que governa sob o signo da exceção, por sua vez é governada por aquilo que se revela ingovernável. É essa reversão contínua que afeta o cenário atual.

Democracia imunitária

Sem-teto provisoriamente dispostos como carros em estacionamento ao ar livre. Acontece em Las Vegas, onde os mais de cem hotéis da cidade também se encontram fechados por causa da emergência. Mas estão reservados para quem tem dinheiro. Desalojados em virtude de um contágio ocorrido no Catholic Charities, a instituição em que haviam encontrado abrigo, os sem-teto foram colocados em ordem — a uma distância de segurança —, cada um dentro de um retângulo branco desenhado sobre o cimento. Algumas pessoas com deficiência arrastavam suas cadeiras de rodas. As fotos são arrepiantes. O vírus acende impiedosamente os holofotes sobre o apartheid social.

Em Moira, na ilha de Lesbos, a vergonhosa porta de entrada para a Europa, os refugiados são amontoados em tendas e abrigos em ruínas. Chama-se de detenção administrativa: estão isolados atrás de barras e arames farpados, sem terem cometido crime algum. É a gestão policial da migração. Frio, fome, superlotação, falta de água: as condições higiênico-sanitárias são ideais para a propagação da epidemia. Mas os sinais lançados por organizações humanitárias permanecem desprezados. A opinião pública europeia tem outras coisas em que pensar. E, no fundo, a guerra dos Estados nacionais contra os migrantes, apoiada e defendida por cidadãos orgulhosos e ciumentos de seus direitos, pode continuar imperturbável com alguns aliados a mais.

Na Índia, o primeiro-ministro Narendra Modi decretou lockdown da noite para o dia, sem nenhum aviso. Os primeiros a serem atingidos foram os migrantes internos — centenas de milhares. Sem mais trabalho, sem casa, tentaram pegar um meio de transporte, ainda disponível, para retornar das megalópoles às áreas rurais de origem. Mas o bloqueio já estava em vigor. Alguns se autoisolaram sobre árvores, sem medicamentos ou comida. Outros percorreram quilômetros e quilômetros a pé — uma fuga desesperada, registrada e narrada pelas mídias sociais, por canais de TV, por jornais. Ao lado dos migrantes, entre as vítimas, estão os dalit, os sem-casta, os últimos dos últimos, os oprimidos que antes eram chamados de «intocáveis», porque associados a atividades impuras e, portanto, discriminados.

Pobres e marginalizados não despertam compaixão; provocam, ao contrário, uma mistura de raiva, desaprovação, medo. O pobre não é digno de redenção, pois é o consumidor fracassado, um sinal de subtração e não de adição no complexo cálculo orçamentário, bem como o pária é apenas um inútil buraco negro. Qualquer responsabilidade por seu destino é declinada a priori, enquanto a caridade é um impulso ocasional.

O cordão sanitário do descomprometimento corre o risco de se ampliar sem controle. A disparidade entre protegidos e indefesos, que desafia qualquer ideia de justiça, nunca foi tão flagrante e descarada como na crise causada pelo coronavírus.

É difícil entender o que acontece se, mesmo no choque e na descontinuidade, não se olha para o passado recente. O vírus agravou e exacerbou uma situação já consolidada, que de repente torna-se clara em todos os seus aspectos mais sombrios e nefastos. Vista pela lente do vírus, a democracia dos países ocidentais se revela um sistema de imunidade que já funciona há algum tempo, e que agora procede de maneira ainda mais escancarada.

Nos debates sobre a democracia, discutimos os modos de defendê-la, reformá-la, melhorá-la, sem colocar em dúvida suas fronteiras, seu pertencimento, e muito menos o vínculo que a mantém unida: a fobia do contágio, o medo do outro, o terror do que está do lado de fora. Por isso, ignora-se que a discriminação esteja sempre latente. Mesmo os cidadãos que lutam contra o racismo (um vírus poderosíssimo!), que pedem, por exemplo, para que sejam abertas as fronteiras de seu próprio país, dão como certa a «propriedade» do país, o pertencimento nacional.

Assim, pressupõe-se uma comunidade natural fechada, pronta para salvaguardar sua integridade soberana. Essa poderosa ficção, que dominou por séculos, faz crer que o nascimento é suficiente, por meio de assinatura, para pertencer à nação. Embora a globalização tenha desfeito esses nós, a perspectiva política não parece muito alterada. A discussão se concentra na administração interna: reformar as leis, melhorar a eficiência, modernizar instrumentos deliberativos, garantir as minorias — democratizar a democracia. Mas essa perspectiva política exclui a reflexão sobre as fronteiras e ignora o nó do pertencimento. Fixa-se, portanto, o olhar para o interior e se rechaça o exterior. Como se as fronteiras estivessem asseguradas, como se fosse óbvia uma comunidade proveniente de descendência genética. Assumidas como dados naturais, essas questões são colocadas para fora da política, ou melhor, são despolitizadas.

Isso significa que a política é baseada em um fundamento não político. Além disso, é um fundamento discriminatório que marca o interior e o exterior. Embora, de outra forma, a coerção também seja exercida sobre o cidadão que, mesmo gozando de proteção, é capturado nessa ordem, sem ter tido o direito de escolha. A arquitetura política contemporânea captura e proíbe, inclui e exclui.

É nesse contexto que a democracia imunitária pode funcionar. É necessário dizer que o adjetivo não é, de forma alguma, inofensivo, e que, pelo contrário, promete comprometer e prejudicar a democracia. Pode-se falar realmente em «democracia» onde a imunização só vale para alguns e não para todos?

Muitas vezes esquecemos que existem vários modelos, até mesmo opostos, de democracia. O nosso está cada vez mais longe do modelo da *pólis* grega, ao qual adoramos fazer referência. Não podemos ter a partir dele, como têm algumas pessoas, uma visão comemorativa e entusiasmante, quando ignoramos a exclusão das mulheres da vida pública e a desumanização dos escravos. No entanto, para os cidadãos gregos, importantes eram o envolvimento e a participação.

Na modernidade, por outro lado, vale um modelo que, depois de ter sido desenvolvido na democracia norte-americana, foi se espalhando pelo mundo ocidental e ocidentalizado, que pode ser resumido na fórmula: *noli me tangere*. É tudo o que o cidadão exige da democracia: *não me toque*. Pessoas, corpos e ideias devem poder existir, mover-se, expressar-se, sem serem tocados, sem serem inibidos, forçados, proibidos por uma autoridade externa. Pelo menos enquanto não for realmente inevitável. Toda a tradição do pensamento político liberal insistiu nesse conceito negativo de liberdade. Não se pede participação; exige-se, ao contrário, proteção. Se ao cidadão grego interessava a partilha do poder público, ao cidadão da democracia imunitária importa, antes de tudo, sua própria segurança. Pode-se dizer que seja justamente esse o pior limite do liberalismo que confunde, assim, garantia e liberdade. Essa visão negativa incide sobre a democracia, reduzida a um sistema de imunidade que deve proteger as vidas humanas em seus múltiplos aspectos.

À medida que esse modelo se estabelecia, foram aumentando as exigências de proteção. Alain Brossat o explicou muito bem, destacando a estreita relação entre direito e imunidade. Quase sempre, para cidadãs e cidadãos, desfrutar da democracia não significa nada além de beneficiar-se de modo sempre mais exclusivo de direitos, de garantias e defesas. O *noli me tangere* é a tácita palavra de ordem que inspira e guia essa «batalha por direitos», em que por vezes se acredita detectar a linha de frente mais avançada da civilização e do progresso. É claro que essas lutas foram e ainda são relevantes. No entanto, o ponto é outro.

A condição de imunidade reservada a alguns, os protegidos, os preservados, os garantidos, é negada a outros, os expostos, os rejeitados, os abandonados. Esperam-se cuidados, assistências e direitos para todos. Mas o «todos» é uma esfera cada vez mais fechada: tem fronteiras, exclui, abandona sobras e restos. A inclusão é uma miragem ostentada, a igualdade é uma palavra vazia que agora soa como uma afronta. O abismo aumenta, o fosso se aprofunda. Não é mais apenas o *apartheid* dos pobres. A discriminação é precisamente a imunidade, que escava o sulco da separação, já presente no interior das sociedades ocidentais e muito mais intensa do lado de fora, na hinterlândia sem fim da miséria, nas periferias planetárias do desconforto e da desolação. Ali onde sobrevivem os perdedores da globalização não chega o sistema de garantias e de segurança. Internados nos campos, estacionados nos vazios urbanos, descartados e acumulados como lixo, esperam pacientemente uma reciclagem eventual. Mas a sociedade que usa e descarta não sabe o que fazer com seus excedentes. As escórias poluem. É melhor, portanto, manter uma distância segura das pessoas contaminadas, contamináveis, fontes de doenças, causas de contágio.

Essa outra humanidade — serão realmente «humanos»? — estará inexoravelmente exposta a violências de todos os tipos, a guerras, genocídios, fome, exploração sexual, novas escravidões e doenças. Aos dispositivos de controle e de proteção em nosso mundo correspondem a desordem e a ininterrupta produção de forças naturais no outro mundo. Reduzidos a simples corpos, os «selvagens» poderão ir ao encontro de infecções selvagens, epidemias não controladas, como a da Aids, ao encontro de vírus mortais, como o ebola, que aparecem rapidamente nas crônicas de jornais e não entram nas narrativas dominantes. No fundo, o cidadão inscrito na democracia liberal acredita que o abandono dos excluídos está relacionado à sua incivilidade.

O paradigma imunitário está na base da frieza imperturbável que as pessoas imunes ostentam diante da dor dos «outros» — não dos outros em geral, mas dos infecciosos. Nesse caso, a dor é um destino esperado, uma inevitabilidade; nesse caso, o mínimo sentir-se mal é atenuado, o menor distúrbio, eliminado. Do mesmo modo, essa é uma fronteira. A anestesia faz parte da história democrática. Laurent de Sutter a discutiu em seu livro sobre o narcocapitalismo, *Narcocapitalism: Life in the Age of Anaesthesia*. Imunizar-se também significa, portanto, anestesiar-se. Assim, podemos ser espectadores impassíveis de injustiças terríveis e crimes ferozes, sem sentirmos angústia, sem nos revoltarmos quase que por desdém. O desastre desliza na tela sem deixar rastro. Mesmo conectado, o cidadão imune está desde sempre livre, isento, ileso. A anestesia democrática tira a sensibilidade, paralisa a nervo descoberto. Falar de «indiferença», como muitos fazem, significa reduzir a uma escolha moral do indivíduo uma questão eminentemente política. No fundo, o tema do racismo também pode ser um exemplo. Trata-se, pelo contrário, de uma insensibilidade afetiva, uma contração espasmódica que causa uma dormência irreversível.

Quanto mais se torna exigente e exclusiva a imunização para quem está dentro, tanto mais se torna implacável a exposição dos supérfluos lá fora. Assim funciona a democracia imunitária.

A via dupla já havia sido bem testada pela experiência totalitária. Em sua famosa análise, Hannah Arendt lançava mais de um alerta. As não pessoas — aquela «espuma de terra» flutuante entre as fronteiras nacionais — acabariam por se encontrar em uma condição natural, em uma vida nua e indefesa, na qual seria impossível conservar até mesmo a humanidade. O dedo indicador estava apontado contra o naufrágio dos direitos humanos. No mundo atual que, apagando a memória com uma esponjada, acreditou separar-se do passado totalitário, a via dupla se tornou uma dualidade estabelecida, uma divisão delineada pelo próprio movimento da civilização, uma partilha traficada por luta contra a barbárie, contrabandeada como progresso democrático.

Certamente, a condição de imunidade não é um direito garantido, mas uma norma geral que varia de acordo com as dinâmicas do poder, mesmo dentro das democracias liberais. Basta pensarmos nos corpos das mulheres que correm o risco de sofrer abusos e discriminações, entre paredes domésticas e nos locais de trabalho. E tudo menos que intangível também é o corpo de um mendigo detido em uma delegacia de polícia, ou o corpo de um idoso relegado a uma casa de repouso.

Importante é que a imunização visa proteger o corpo (e a mente) de cada cidadão. As formas de aversão se multiplicam, a fobia do contato se espalha, o movimento de retirada se torna espontâneo. Justamente no retirar-se concentra-se a tendência do cidadão que se afasta da *pólis* e de tudo que o une a ela. Não lhe responde mais. Está *des-apegado*. Mas precisamente a anestesia do cidadão imunizado e a baixa intensidade de suas paixões políticas, as quais o tornam espectador impassível diante do desastre do mundo, também são a sua condenação. Onde a imunidade prevalece não há mais comunidade. Roberto Esposito explicou-o estabelecendo a relação da comunidade com o medo da morte. Hoje é um medo muito esquivo, amplo e incerto, que coagula de tempos em tempos a comunidade de um «nós» fantasmático.

Na palavra latina *immunitas* está presente a raiz *munus*, um termo difícil de traduzir, que significa *tributo*, *dom*, *ônus*, no sentido, entretanto, de uma dívida jamais reembolsável, de uma obrigação mútua, que vincula inexoravelmente. Ser isento, dispensado, significa de fato ser imune. O contrário de imune é comum. Individual e coletivo são, por outro lado, as duas faces especulares do regime imunitário. Comum indica a partilha do compromisso recíproco. Não é, de forma alguma, uma fusão. Fazer parte de uma comunidade implica estarmos amarrados, ligados uns aos outros, constantemente expostos, sempre vulneráveis.

É por isso que a comunidade é constitutivamente aberta; não pode se apresentar como uma fortaleza idêntica a si mesma, fechada, defendida e protegida. Nesse caso, seria muito mais um regime imunitário. De fato, o que se efetivou, especialmente nos últimos anos, foi um paradoxo equívoco pelo qual a comunidade é trocada por seu oposto, ou seja, a imunidade. Essa deriva está diante dos olhos de todos. A democracia se debate, assim, entre duas tendências opostas e inconciliáveis. Aí será jogado o seu futuro. A democracia imunitária é pobre de comunidade — agora está quase desprovida dela. Quando se fala em «comunidade», entende-se apenas um conjunto de instituições que se baseiam em um princípio de autoridade. O cidadão está sujeito àquelas que lhe garantem proteção. Em vez disso, vemo-nos pela exposição ao outro, protegemo-nos do risco do contato. O outro é infecção, contaminação, contágio.

A política imunizante, sempre e de todos os modos, rejeita a alteridade. A fronteira se torna o cordão sanitário. Tudo o que vem de fora reacende o medo, desperta o trauma do qual o corpo dos cidadãos acreditou imunizar-se. O estrangeiro é, por excelência, o intruso. Portanto, a imigração surge como a ameaça mais perturbadora.

Mas os efeitos devastadores da imunização, entre os quais uma grande quantidade de doenças autoimunes, recaem diretamente sobre os cidadãos, e talvez apenas agora, nessa crise histórica, emerjam claramente. Por exemplo, ali onde o administrador soberano termina por revelar, além da máscara, seu rosto escuro e monstruoso, deixando pessoas morrerem por descuido, frieza e incompetência.

O cidadão da democracia imunitária, a quem está vedada a experiência do outro, aceita seguir todas as regras higiênico-sanitárias e não tem dificuldade de se reconhecer como paciente. Política e medicina, áreas heterogêneas, sobrepõem-se e se confundem. Não se sabe onde termina o direito e onde começa a saúde. A ação política tende a assumir a modalidade médica, enquanto a prática médica se torna politizada. Também, nesse caso, o nazismo fez escola — por mais escandaloso que possa ser lembrá-lo.

O cidadão-paciente, mais paciente que cidadão, embora possa aparentemente gozar de defesas e proteções, tirando proveito de uma vida em seu lugar no mundo sob condição anestésico-imunitária, não pode deixar de se perguntar sobre os resultados de uma democracia médico-pastoral, e não poderá não olhar com inquietação para o controle da reação autoimune.

O governo dos especialistas: ciência e política

Desde que o coronavírus se apoderou do espaço público, fazendo-se presente na agenda de noticiários televisivos e de jornais, os representantes dos partidos — de maioria e de oposição — parecem ter desaparecido. A infecção viral tirou de cena a política, a qual apenas reitera um desejo de retorno à ciência. «Deixemos que falem os especialistas.»

Afirmações desse tipo foram acolhidas como se fossem uma obviedade. Muitos comentaristas argumentaram que essa seria a ocasião para considerar os danos causados por incompetência. Assim, no contexto italiano, passamos do Partido conspiracionista dos No-Vax[1] ao Partido científico do Estado médico.

Não há programa de auditório que não mostre o especialista de plantão. É um turbilhão de nomes, mais ou menos conceituados, uma série de teses e hipóteses,

---

1 Movimento contrário ao uso de vacinas. [N. T.]

que muitas vezes se contradizem, um vórtice de números, tabelas e gráficos. Sem mencionar a proliferação dos comitês.

De repente, os especialistas são os proprietários do espaço público. Obviamente, a incompetência é prejudicial. Não podemos improvisar economistas, juristas, constitucionalistas etc. Muito menos políticos (e nem mesmo filósofos!). Pagamos um preço alto pela ideia de que o cidadão comum poderia, de um dia para o outro, exercer tranquilamente as funções de um deputado. No entanto, admitir isso não significa endossar o regime dos especialistas. O risco para a democracia seria enorme. Então, a emergência do coronavírus trouxe à tona de modo muito perspicaz a questão, infelizmente quase sempre contornada, da relação entre política e ciência.

É grave que a política abdique abertamente da ciência. Subordinada ao ditado da economia, reduzida à *governança* administrativa, a política agora mantém uma margem estreita que corre o risco de perder o todo. Abdicar, autossuspender-se, significa retirar-se de suas responsabilidades. No Estado médico que parece surgir no horizonte, no qual o cidadão não é senão um paciente, os especialistas ocupam um lugar-chave.

Mas quem é o especialista? Como entender seu papel, situado entre o conhecimento científico e as precipitações práticas? A frequência dessa figura é associada tanto à hiperespecialização da ciência quanto à crescente complexidade que torna árdua toda decisão.

O termo «especialista» é usado muitas vezes erroneamente, como sinônimo de «cientista». É preciso diferenciá-los. Para o cientista, o resultado de sua pesquisa é sempre parcial, provisório. O especialista, por sua vez, sob a pressão da opinião pública, ansiosa não apenas por informação mas também por previsão, precisa de respostas corretas e de dados operacionais. No jogo dos interesses econômicos e políticos contrastantes — a atenção não é neutra! —, o especialista dá um veredicto que tem o crédito da natureza científica e a aura da imparcialidade, porém o mesmo não ocorre sob os olhos do cientista. A relação entre os dois é marcada pelo atrito.

Uma vez confiado ao rapidíssimo fluxo dos meios de comunicação, esse veredicto é modificado, manipulado e alterado completamente. Acontece que é o próprio especialista que muda de opinião em poucos dias. Enquanto isso, sua competência, ostentada por meio de números e esquemas, silencia e desresponsabiliza milhões de cidadãos.

Das questões ecológicas aos problemas de estratégia militar, das finanças à bioética, dos projetos espaciais à epidemiologia, em todos os lugares o especialista é interpelado, em todos os lugares pesa sua palavra, quase como uma sentença oracular. No entanto, sua competência não é uma garantia. Se é guardião de um saber específico, e como tal é escutado, não significa que tenha mais experiência ou sabedoria que outras pessoas. Se conhece alguns meios, não necessariamente vê claramente os fins. Pode acontecer, aliás, que os veja menos que os outros. O especialista é como o timoneiro de Agamenon, que conseguiu trazer seu mestre de volta para casa — onde, no entanto, foi morto. Por isso, o timoneiro teve de se perguntar se foi acertada não apenas a rota, mas também a meta.

A fé nas virtudes mágicas e portentosas do especialista esconde a dificuldade de escolha, que não está ligada apenas à especialização. Atribuímos confiança a quem sabe, ou a quem se presume que saiba, para sermos retirados do tormento da decisão. A perícia do especialista torna-se um remédio contra o medo de julgar e de escolher, o que se afina com a ideia de que, em algum lugar, exista, linda e pronta, uma solução. Daí surgem as enormes expectativas, as esperanças infundadas.

O político se volta de bom grado para o especialista que deveria lhe facilitar a tarefa, fornecendo dados e informações. Numa situação de emergência, como a do coronavírus, pode até mesmo lhe conceder o palco. A ambivalência arriscada da relação, no entanto, vem imediatamente à luz. Quem se serve de quem?

Se é prudente recorrer à opinião do especialista, então é arriscado lhe dar a última palavra, como se seu julgamento fosse uma resposta definitiva, a instância decisória suprema. Sua autoridade ilimitada se destaca já soberanamente na esfera sombria da exceção. É por isso que o abandono fideístico nos poderes de sua perícia esconde perigos imponderáveis.

A política não pode se limitar a executar as indicações dos especialistas. Como se não fosse nada mais que administração cujo ideal é a neutralidade e que, no fundo, não tem mais ideais. O bom funcionamento já seria um valor em si, independentemente de qualquer conteúdo. Não importa que no mundo haja justiça, igualdade, solidariedade — importa que sejam bem administradas. As extremidades deslizam para o fundo, enquanto o meio do governo se torna determinante. O político passa a ser o especialista dos especialistas, o hipertécnico da programação, que no melhor dos casos sabe administrar, sabe escolher os meios do governo, mas não sabe mais por qual razão, nem para que finalidade, visto que não sabe mais, na verdade, escolher o fim. E, no entanto, o tormento da decisão e o peso da responsabilidade são o eixo da política.

Fobocracia

Poderia ser a palavra-chave da *governança* neoliberal. Do grego *phóbos*, medo, e *krátos*, poderoso, valoroso, forte. É o domínio do medo, o poder exercido por meio da emergência sistemática, do alarme prolongado. Difunde-se medo, transmite-se ansiedade, fomenta-se ódio. A confiança desaparece, prevalece a incerteza. O medo perde a direção e irrompe em pânico.

A psicopolítica não é novidade em nossos tempos. Se o medo domina os ânimos, então com ele é possível dominar os ânimos alheios. Foi Maquiavel quem transformou o medo em categoria política, percebendo sua estreita ligação com o poder. Para o príncipe, é uma arte difícil inculi-lo veladamente a fim de manter a soberania intacta; ele deve, de fato, evitar que esse sentimento se transforme em ódio e leve o povo à revolta.

O medo percorre toda a modernidade até o século xx, o século do terror total, geralmente confundido com a tirania, que ainda diferencia amigos de inimigos. O poder totalitário, por outro lado, é o vínculo férreo que funde todos em um; não é um instrumento de governo, mas o próprio terror que passa a governar enquanto devora o povo, isto é, seu corpo, e já traz os germes da autodestruição.

E hoje? O terror se tornou uma atmosfera. Cada pessoa é entregue ao vazio planetário, exposta ao abismo cósmico. Não se efetiva nenhuma advertência explícita, pois os riscos parecem vir de fora. Em sua aparente ausência, o poder ameaça e tranquiliza, exalta o perigo e promete proteção — uma promessa que não pode cumprir. Porque a democracia pós-totalitária exige o medo e funda-se nele. Eis o círculo perverso da fobocracia.

Suspense e tensão se alternam em uma vigília permanente, em uma insônia que gera pesadelos, distrações e alucinações. A vida parece sufocada no movimento por uma alternativa constante entre a ameaça de sofrer uma agressão e a exigência de se defender ou, ainda, de prevenir o ataque. É a vida marcada por alarmes, protegida por sistemas antifurto, entrincheirada atrás de portas blindadas e trancas de segurança, monitorada por câmeras, cercada por muros. O medo cresce e se torna o temor obscuro do outro, no qual, como que por mágica, confluem diferentes preocupações e ansiedades. Pode-se falar de uma cultura do medo que caracteriza as democracias imunitárias. Não se trata de uma emoção espontânea. É, antes, a sugestão difundida de um perigo onipresente, o hábito à ameaça, o sentido de uma extrema insegurança — até do terror.

Acendem-se e apagam-se surtos de apreensão coletiva, o estresse é induzido intermitentemente até alcançar o ápice da histeria coletiva, sem nenhuma estratégia e sem propósitos claros, a não ser a clausura imunitária de uma comunidade passiva, colapsada e despolitizada. Assim, o «nós» fantasmático se submete temporariamente à emergência e aos seus decretos. No entanto, essa fobocracia tem uma presa provisória e, por sua vez, corre o risco de ser destituída e destruída pelo vírus soberano que quer governar.

Plenos poderes?

Paradas, marchas, manifestações, comícios — até alguns meses atrás as novas revoltas do século XXI ocorriam nas praças do mundo, de Santiago a Beirute, de Hong Kong a Barcelona, de Paris a Bagdá, de Argel a Buenos Aires. Feministas e antirracistas, ecologistas e pacifistas, novos desobedientes, ativistas computadorizados, militantes de ONGs *iam às ruas para protestar contra as derivas soberanas e securitárias, as desigualdades abissais, a degradação do meio ambiente, o princípio ampliado de endividamento, a falta de direitos e as discriminações. Não foi apenas um flash sem amanhã.*

Os ingovernáveis entraram em cena para denunciar todos os limites da governança *política. Ocuparam as praças, espaço deixado vazio pelos partidos, convocação simbólica da ágora, primeiro lugar da democracia e última reserva disponível para a comunidade. Estar juntos significou reagir a um mundo que isola e que separa. A ocupação já é oposição, prova de solidariedade. Gestos criativos, ações inéditas, uso frequente de máscaras para expor o poder financeiro sem rosto, a fim de desafiar o Estado que condena toda máscara que não seja a sua, para se rebelar contra a vigilância e as medidas hiperbólicas de identificação. Especialmente nos últimos tempos, foram contestados a arquitetura nacional, o estatuto da cidadania, a ordem estadocêntrica do mundo.*

O que serão das revoltas agora que o coronavírus tomou a cena? Sairão dela mais fortes os poderes policiais, a disciplina dos corpos, a militarização do espaço público, os aparatos repressivos? Ou voltarão a explodir os conflitos, serão colocados do mesmo lado os erros e as injustiças exacerbadas no processo, ressurgirão as lutas, serão reacendidas as luzes sobre os indivíduos? Novas formas de dissenso, protestos criativos e sem precedentes aparecem nas sacadas, na rede e até mesmo, com as devidas distâncias, nas praças — dos panelaços às ações dos Anonymous, de iniciativas como as do coletivo chileno Depresión Intermedia às assembleias no Facebook e nos #digitalstrike.

Talvez o vírus soberano acabe desestabilizando a soberania do Estado. Certamente, não podemos esquecer que saúde, clima, educação, cultura, economia não são bens privados, não vêm de cima, concedidos pelo capital, mas são bens comuns que requerem uma nova política no mundo.

Na Hungria, em 30 de março de 2020, Viktor Orbán atribuiu-se plenos poderes. Razão oficial: lutar melhor contra a epidemia. Não foram indicados limites temporais, e, assim, o primeiro-ministro poderá governar por decretos, revogando também as leis parlamentares, até quando julgar oportuno. A oposição gritou contra o «golpe de Estado» sem que isso tenha gerado muito eco. A União Europeia, já ineficaz mesmo antes, tem outras prioridades. Em todos os lugares há emergência de vírus. As medidas excepcionais se multiplicam e se ampliam. É longa a lista de governos que aproveitaram a oportunidade para expandir seus poderes e exercer um controle mais rígido. Se na França o «estado de emergência» foi renovado, na Grã-Bretanha foram atribuídos pesos extraordinários às forças da ordem. Trump começou a chamar-se de *wartime president*, dando a entender que sua margem de decisão será estendida como em tempos de guerra. Leis que proíbem muitas liberdades individuais, censuram a mídia e admitem o controle digital dos cidadãos foram votadas na Bolívia e nas Filipinas, na Tailândia e na Jordânia.

Não se pode ignorar, portanto, que o perigo de contágio traz consigo a epidemia paralela de medidas repressivas e autoritárias.

Por trás da *viropolítica*, ou melhor, da *coronapolítica*, surge de modo perturbador o soberano fobocrático. As reiteradas proclamações de guerra, os apelos à nação, são um sinal explícito. Entre outras coisas, mostram o fracasso da política que não sabe falar para uma comunidade desintegrada, a não ser fazendo apelo ao medo e revocando a necessidade urgente de superar os conflitos internos. A velocidade com que as medidas excepcionais foram tomadas, com todas as implicações jurídicas envolvidas, explica-se graças ao precedente de outra guerra fantasmática, a do terrorismo, que abriu as portas ao estado de emergência. O jargão bélico usado na narração de um evento inédito deixa poucas dúvidas sobre os riscos repressivos. E, no entanto, apesar da polícia nas ruas, não há nenhuma mobilização militar.

A medicina é uma luta pela vida, e suas vitórias não são baseadas na morte. O que, além disso, não a isenta de possíveis tentações de cumplicidade. A crise sanitária não pode ser o pretexto para fundar um laboratório autoritário. Isso não significa recusar de maneira ingênua e imprudente os remédios e os tratamentos que podem deter a propagação do vírus. Mas as medidas de segurança e de biossegurança devem se tornar vigilantes e devem desconfiar inclusive de si mesmas e de suas próprias pulsões. Não se pode deixar que a epidemia inaugure uma era de suspeita generalizada, na qual cada indivíduo é, também, um hospedeiro potencial, uma ameaça permanente. A consequência seria já não haver um mundo em comum, no qual não se pode mais compartilhar sequer o espaço público da *pólis*.

O coronavírus certamente não é um patriota que zomba das fronteiras. A globalização — quer se queira ou não — é viral. Porém os paradoxos se multiplicaram. A Europa emitiu uma proibição de entrada para os estrangeiros justamente quando era o foco, o epicentro da pandemia. A demonstração vazia e incomum de soberania repetiu-se com o fechamento flagrante das fronteiras entre as diferentes nações. A concorrência selvagem chegou até mesmo a recusar o envio de material médico para os países que precisavam. A falta de solidariedade permanecerá indelével na memória de muitos povos europeus. Pela enésima vez, a União Europeia se revelou uma assembleia fragmentada de coproprietários, um amálgama de nações que, por golpes de compromissos vacilantes, disputam o espaço com o intuito de defender, cada um a seu modo, seus próprios interesses. Nenhum sentido do comum, nenhum pensamento de comunidade. Em benefício dos regimes autoritários e dos partidos soberanos que há muito tempo invocam o fechamento das fronteiras, o protecionismo nacional e a abnegação patriótica. E não foi próprio Matteo Salvini, o líder da Liga do Norte, quem invocou «plenos poderes» já bem antes da epidemia?

A xenofobia de Estado encontrou um novo inimigo saudável no «vírus estrangeiro», depois de ter desencadeado uma campanha de ódio contra os migrantes. Precisamente o vírus, no entanto, mostra que de nada servem a marcação de fronteiras e o confronto de Estados Nacionais, confinados ao território, ciumentos de sua soberania, ligados à imanência do poder. O vírus soberano passa pelo ar, e ninguém está imune.

O contágio do complô

O coronavírus é um «incrível engano». É o «Grande Inimigo» nascido do ventre de um morcego. É um apocalipse de proveta, resultante de uma fórmula química, voltado ao extermínio da humanidade. É uma arma bacteriológica secreta sobre a qual a China perdeu o controle. É uma estratégia de marketing do lobby farmacêutico para aumentar as vendas de medicamentos. É um experimento desejado e financiado por Bill Gates, uma enorme maquinação para patentear a vacina, tirando proveito dela, e para dominar o planeta. É uma «grande mentira» orquestrada pelos «poderes fortes» para ocultar os efeitos letais do 5G, a tecnologia que destruiria o sistema imunológico.

É o «vírus de Wuhan», emergido do caótico mercado de animais selvagens. É o «vírus chinês» que escapou do Laboratório Nacional de Biossegurança. Foi difundido na Itália por agentes secretos americanos a fim de bloquear a «estrada da seda» e impedir a entrada da economia chinesa no Velho

Continente. É um «vírus americano», um bacilo espalhado sutilmente por cinco atletas internados em hospitais chineses.

De qualquer forma, é um «vírus estrangeiro». O mistério que envolve a origem aumenta a angústia, acende a fantasia da conspiração, dá origem a interpretações díspares, hipóteses bizarras e oportunistas. Não são excluídos tampouco os políticos. Desta vez, na verdade, foram não apenas os porta-vozes, mas também os chefes de governo que reativaram mentiras e rumores. Primeiro, entre todos, Trump. A guerra global também é travada por golpes de fábulas conspiracionistas.

Mas foi especialmente Bolsonaro quem se destacou, visto que, até o último momento, reduziu o vírus a uma «gripezinha», negando a emergência sanitária, uma «fantasia» alimentada pela mídia. Esse negacionismo encontrou apoio nas posições assumidas pelo controverso cientista Shiva Ayyadurai (mesmo que tenha se tornado doutor pelo MIT de Boston), que no Twitter condenou repetidamente o «alarmismo», alegando que o coronavírus entrará na história como «uma das maiores fraudes para manipular a economia, eliminar o dissenso e forçar o uso de remédios obrigatórios».

As Cassandras conspiracionistas, à espera da catástrofe final, há muito já indicavam uma pandemia planetária como o massacre programado que reduziria drasticamente a humanidade. Tudo havia sido visto, previsto e preanunciado. E eis a Covid-19 para comprovar essa profecia negligenciada.

O coronavírus, em sua essência invisível, parece a ferramenta ideal nas mãos de forças ocultas que, agindo em segredo, querem retirar do povo sua soberania. A ânsia por desmascará-las se tinge de ódio e se pinta de raiva.

Quem conseguirá resistir? Quem estará imune ao contágio? As *fake news* se multiplicam em um ritmo imparável, correm pelos fluxos móveis dos dispositivos telemáticos, são retomadas, fortalecidas, relançadas. A *infodemia* — literalmente, epidemia de informações — é considerada pela Organização Mundial da Saúde um perigo quase igual ao da Covid-19. Talvez esse seja o vírus global para o qual toda vacina está prestes a surgir?

A teoria da conspiração não é uma invenção recente; podemos indicar precedentes significativos ao longo dos séculos passados. No século xx, no entanto, anunciou-se um fenômeno inédito: a difusão planetária dos mitos conspiracionistas.

Os efeitos foram devastadores. É só nos lembrarmos daqueles sobre a Shoah. E, ainda assim, apesar da censura pública e do amplo descrédito em torno dele, o pensamento conspiracionista parece, por muitas vezes, hegemônico.

«O que há por trás dele?» é a pergunta repetida obsessivamente. A nova cultura conspiracionista, que se alimenta de informações não filtradas da web, vê tramas em todos os lugares, revela intrigas, sinaliza maquinações. E dissemina inimigos pelo mundo. Não há acontecimento — epidemias, fluxos migratórios, atentados, guerras — que não tenha um culpado, seu fantasmático bode expiatório. Outrora um instrumento extremo, o complô tornou-se um meio recorrente de propaganda. Entre paranoia e suspeita, a paixão conspiracionista se alastra; constrói uma rede de cumplicidade contra as elites, cada vez mais deslegitimadas, e aponta o dedo contra as minorias acusadas de quererem manipular a maioria.

Como explicar eventos, como a pandemia viral, que com sua carga apocalíptica dilaceram a vida cotidiana? Como se orientar entre os ventos contrários da globalização, nos quais a guerra se confunde com a paz, o inimigo com o amigo? Incerteza, consternação e temor prevalecem em um mundo que parece cada vez mais um caos impenetrável. Por trás dessa aparência talvez se conserve uma realidade oculta que é trazida à luz, totalmente desmascarada. Forças misteriosas e «poderes fortes» regem os destinos do planeta.

Fáceis de propagar e difíceis de refutar, as fábulas do complô respondem a exigências colocadas a duras provas: crença e explicação. A despedida das religiões tradicionais e das ideologias políticas abriu espaço para toda forma de credulidade ingênua e de dogmatismo obstinado. Na ausência de causas evidentes, melhor confiar naquilo que responde às suas próprias convicções, que atende às suas expectativas. Não importa quais índices e provas atestem o contrário. Decisivo é o que torna útil. O efeito prático fortalece o mito, que, por isso, resiste a qualquer crítica. Doença do mundo desencantado, a fantasia da conspiração satisfaz a necessidade de certeza, a necessidade de transparência, o desejo imoderado de explicar e racionalizar tudo. Diante da complexidade, escolhe-se o atalho da simplificação. Assim, reaparece o sonho de encontrar um sentido a todo custo, ainda mais se o cenário é obscuro.

Acreditar no complô significa aceitar uma concepção sumária e mágica da história na qual tudo pode ser vinculado a uma única causa que age intencionalmente, com uma vontade subjetiva e perseverante. Quanto mais o cenário parece intrincado, tanto mais aumenta o desejo de encontrar uma explicação final. Daí a analogia com o pensamento mítico. A eficácia do mito não está na veracidade, mas nas exigências a que responde, nas emoções que desperta, nas sugestões acesas. Por isso, é equivocado falar de um «falso», de um verdadeiramente negado. O mito não nega; limita-se a constatar. É esse o grande poder da ficção. Assim, de nada valeu demonstrar que seus boatos eram infundados: o próprio Hitler estava satisfeito por reconhecê-lo, mestre da conspiração.

Com sua ciência política imaginária, o conspiracionista não quer apenas decifrar o curso dos eventos, também pretende supervisioná-lo e dirigi--lo. Persuadido de possuir a chave da história, que lhe permite resolver todos os problemas e eliminar qualquer fonte de ansiedade, ele se move num horizonte maniqueísta, em que o mal provém do retromundo, oculto e arcano, que será finalmente exposto. Sua tarefa é expulsar o inimigo, desvendar a ameaça. Esse gesto de magia oculta também é, por sua vez, um ato simbólico de guerra.

O conspiracionista não se limita a uma fuga em suas quimeras e deslumbramentos. Se ele identifica as forças das trevas, em cujas mãos o mundo caiu, é com a intenção de combatê-las. Reivindica para si o papel da vítima e constrói o inimigo absoluto, definido, todas as vezes, pelos supostos objetivos: a dizimação, a espoliação, a dominação. Quanto mais esse inimigo é metafisicamente abstrato, como as «elites», a «casta», o «governo mundial», tanto mais é temido e detestado. Não podemos esquecer que o complô é a pedra angular de um certo populismo.

Hoje tudo é agravado pela volatilidade do poder. Não porque o poder falhou — pelo contrário! Porém está distante, esquivo, onipresente, projetado nos canais da técnica e nos fluxos da economia, desprovido de centro e, talvez, de direção. Não tem rosto, não tem nome, não tem endereço. O desconforto sentido por quem é afetado por ele reside precisamente na dificuldade em localizá-lo. Dele se percebe apenas sua presença generalizada. O cidadão se sente enganado; torna-se incerto, cauteloso, desconfiado. Se há o efeito, também deve haver a causa. O ceticismo se inverte na certeza dogmática de que existe um lugar oculto do poder. É por isso que proliferam os fantasmas sombrios do complô que assombram o cenário político.

No entanto, não se pode silenciar que quem fomenta os mal-intencionados seja justamente a cultura do medo. O complô é a outra face da fobocracia. Uma política mesquinha e hipócrita, que para governar precisa derramar continuamente suas responsabilidades sobre um inimigo ao alcance das mãos — o imigrado, o «cigano», os burocratas de Bruxelas, o «vírus chinês» —, é a fonte inesgotável de fantasias conspiratórias. Não por acaso se multiplicam os governos que, mesmo nas relações internacionais, recorrem a tais meios.

De pouco adianta demonizar a conspiração que, no fim, é um sintoma. E não necessariamente negativo: expressa o desejo, mesmo que ingênuo, de mais entendimento, para que se torne claro. Supor que a conspiração seja uma doença que afeta um punhado de loucos paranoicos significa agir como conspiracionistas, atribuindo a culpa dos males do mundo a um grupo obscuro que trama na complosfera. Como observou Rob Brotherton, somos todos um pouco conspiracionistas. Melhor admitirmos isso, em vez de nos autoabsolvermos.

O complô não é uma doença viral, que deva ser derrotada e eliminada. Quão absurda é a guerra contra o vírus, tão insensata é a guerra contra o complô. Trata-se, antes, de convivermos com ele, sem a pretensão de nos imunizarmos contra ele. Às vezes, o contágio da paranoia pode até mesmo ser prudente. Basta que o medicamento seja usado em doses certas.

Manter distância

Scanner térmico nos aeroportos, controles sobre o território, quarentena para os possíveis infectados e, em seguida, máscaras, medidas preventivas, lavagem frequente das mãos. Será o suficiente? A angústia do contato se mobiliza, o medo da contaminação se torna palpável, insinuando-se no cotidiano. É melhor evitar lugares públicos, trancar-se no espaço da intimidade doméstica. Jamais pareceu tão indispensável esse espaço tranquilizador, repleto aqui e ali de telas através das quais se olha para o mundo protegido.

A distância não é a mesma em todo lugar; a divisão dos corpos no espaço público tem costumes, rituais e etiquetas diferentes. Já nos países europeus a distância diminui à medida que se passa, por exemplo, das cidades finlandesas às alemãs e, finalmente, às cidades italianas, nas quais efusões e abraços pontuam quase todo encontro. Sobre as normas subjacentes a esses processos, sempre menos neutros e cada vez mais neuróticos, escreveu Norbert Elias.

Nas crônicas da peste, narra-se o efeito de contágio que leva cada cidadão a se isolar o máximo possível, temendo o outro, vendo nele um potencial hospedeiro, acabando, assim, por considerar a distância o único remédio eficaz, a única esperança. No entanto, nas democracias imunitárias, que por isso não podem ser imediatamente comparadas com o passado, o medo de ser tocado, que sempre marca os distanciamentos, já é uma fobia de contágio. «Não há nada que o homem mais tema do que o contato com o desconhecido» — esta célebre frase de Elias Canetti, em *Massa e Poder*, não é abstraída de todo contexto, mas refere-se ao modo moderno de habitar. Fechamo-nos em casas em que ninguém pode entrar e nas quais nos sentimos relativamente seguros.

O direito à integridade da esfera doméstica constitui a base sobre a qual se edificou o antigo direito europeu. Agora, no entanto, o habitar permite delimitar uma área de proteção e de bem-estar contra possíveis invasores e mal-intencionados. Interdição à comunidade! O que importa é o direito de se defender de distúrbios externos sem ter de se justificar. A habitação é um tipo de extensão do corpo que permite uma representação peculiar de si mesmo e um autocuidado igualmente especial, os quais se tornaram um hábito. Expressa a necessidade de um fechamento tranquilizante e traz à tona a emergência do paradigma imunitário. A abertura humana ao mundo é cada vez mais impedida pelo forte impulso de evitá-lo. Daí também o ressentimento generalizado do local, o ciúme soberano da habitação. Lembremo-nos dos mitos apregoados da invasão, do medo generalizado do imigrante.

A imposição da distância por lei, essa polícia preventiva das relações, essa blindagem regulamentada que protege membros de famílias, bem como desconhecidos, não é senão o ápice de um processo político já em andamento. A abolição do outro agora se dá por decreto — em troca de segurança e imunidade. O corpo do cidadão individual é, de fato, uma fortaleza salvaguardada contra inúmeros perigos e ameaças imponderáveis. Cautela e suspeita sempre devem diferenciar as relações necessariamente mediadas por dispositivos capazes de separar, conter, proteger e preservar. O «distanciamento social» é, portanto, o selo da política imunitária.

De certa forma, pode-se dizer amargamente que o ciclo civilizatório termina quando toda forma de contato físico é proibida por lei como fonte de contágio, como risco de ser manchado e contaminado.

Assim, parece desaparecer do horizonte civil e político a comunidade aberta, espontânea e hospitaleira — da concentração, do jogo, da dança, da festa. Decai sob o golpe dos decretos a comunidade extraestatal e extrainstitucional, a comunidade do movimento extático de si-mesmo, que se debruça em direção ao outro, que se expõe, que se abandona. Resta aquela superprotegida, regulada e blindada. A sombra da comunidade.

O que perturba, nas disposições tomadas durante a emergência da Covid-19, não é apenas a medida da distância em relação ao outro e, portanto, o veto implícito de qualquer abraço, de todo comportamento efusivo espontâneo, mas também a proibição obscura de todas as relações desprotegidas, relações de copresença, do encontro entre corpos. As consequências são políticas. É, nesse sentido, a partir de tais políticas que se deve detectar o laboratório de novos e inéditos acordos.

O cidadão-paciente, do qual é excluída a experiência diante do outro, resigna-se à regulamentação da distância, que se refere à legislação sanitária que afeta a esfera sexual e emocional. Às vezes, ele é dominado por uma nostalgia sombria da massa na qual gostaria de voltar a mergulhar para exorcizar a fobia do contato. Elias Canetti o esclareceu em sua famosa obra-prima *Massa e poder*: «Somente na *massa* é possível ao homem libertar-se do medo do contato. Tem-se aí a única situação em que tal temor transforma-se em seu oposto. Por esse motivo é necessária a massa densa, na qual um corpo comprime-se contra o outro, uma massa *densa* inclusive em sua constituição psíquica, de modo que não atentamos para quem é que nos ‹comprime›. A partir do momento em que nos entregamos à massa não temos medo de seu contato [...]. Quanto mais os seres humanos energicamente se comprimirem uns contra os outros, tanto mais seguros eles se sentirão de não se temerem mutuamente. Essa *inversão do medo do contato* é peculiar à massa».

Por lei, evitar e vetar a massa não significa favorecer o individualismo. A questão é bem outra. Há algum tempo a fobia da massa tem acompanhado a sociedade massificada. Não é um paradoxo. São as duas faces da mesma moeda. O devir-massa no espaço público, no entanto, já estava disciplinado ou admitido de forma sutilmente prevista e previsível: em celebrações oficiais, em estádios esportivos ou em shows. É essa a massa que, ao contrário daquela descrita por Canetti, é rarefeita, com base em uma proibição, tornando-se programada, filtrada e vigiada.

É impossível não pensar que já esteja em ação, nesse caso, a intenção de afastar o conflito, produzindo, acima de tudo, por algumas formas de competição, como os campeonatos de futebol, um simulacro de guerra civil. A imunização ditada pela Covid-19 chega, no entanto, ao paroxismo. E debate-se, entre outras coisas, em um período marcado por revoltas globais. O alerta da democracia imunitária não é tão ilegível: elimina o perigo da massa viva e incontrolável, afasta o espectro da revolta, garantindo condições sanitárias de sobrevivência.

Sabe-se que a distância está entrelaçada com a proximidade — e a proximidade tecida de distância. Mas o distanciamento, este termo aparentemente asséptico, tem outro significado. A massa é limpa do peso do corpo, eliminada pela resistência física, tornada disponível a um fluxo ininterrupto de mensagens em modalidades *non-stop*, durante 24 horas de plantão. As relações estão protegidas por meios de comunicação interpostos.

Mesmo nesse contexto, apesar da diferença óbvia, o fluxo contínuo não pode ser ignorado. Desde muitos anos até os nossos dias, a tomada de distância em relação ao próximo se deu pelo aumento dos dispositivos midiáticos e pela expansão da ideologia comunicacional. A praça e os pontos de encontro espontâneos são cada vez mais suplantados pelo espaço virtual da web. O cara a cara marcado pela proximidade física do outro — uma fonte de apreensão, de reserva de surpresa e porto de silêncio inesperado — cedeu à privação sensorial do próximo.

O «distanciamento social» faz fronteira com o corpo — contagiado, contagioso, contagiável — e o entrega à virtualidade asséptica e estéril. Uma derrota para quem acredita que o corpo é a porta de entrada para a hegemonia tecnoliberal. O corpo é visto, antes, como falta, privação. O corpo alheio não menos que o próprio. O contato em si mesmo é contaminado pelo contágio.

Viver e trabalhar «remotamente» significa estar cercado por telas. Na ambiguidade da tela se resume todo o paradigma imunitário: enquanto protege, tutela, bloqueia, abre as portas para o mundo. Ninguém considera as telas simples superfícies — assumindo que isso jamais aconteceu no passado. E, sem dúvida, seus usos, durante o distanciamento, diversificaram-se e se multiplicaram. Das videoconferências aos jantares «feitos juntos». Mas até que ponto se pode falar, como alguns teóricos propõem, em «experiências telemáticas»? A relação com a tela não é a mesma que ocorre com o olhar. A exploração digital não tem a sensibilidade, muito menos a tatilidade do sentido orgânico. O olho se aproxima infinitamente da superfície e permanece distante dela anos-luz, em um espaço intransponível pelo corpo.

O meio digital se interpõe e, embora permita comunicar, separa. A aproximação é sempre uma tomada de distância. Precisamente por isso, afinal, se exalta e se fetichiza o meio como tal. Sua mediação permite assegurar que o outro está disponível, sem ser sobrecarregado pela presença. Vantagens e comodidades também do «ensino à distância», que alguém se aventura a elogiar.

A tomada de distância é o código da comunicação na era imunitária. O *mcmundo*, o espaço imenso da rede, no qual cada um adquiriu mais uma cidadania, é pontilhado por comunidades virtuais assépticas. Proximidades forçadas, sinergias aleatórias e temporárias fluem através de chats, blogs, redes sociais, cruzamentos de nossos caminhos centrífugos na web, que muitas vezes se contraem deixando apenas o vazio. Daí a dependência, a tentativa frenética de permanecermos conectados. De fato, nada garante que não seremos excluídos, abandonados, que não acabaremos nas cestas de lixo da técnica. Mediante o cenário reticular não se constitui o nós da comunidade política.

Pandemia psíquica

Febre, tosse seca — e, sobretudo, ansiedade. Em frente à farmácia, a fila aumentou. Mau humor e sofrimento aumentaram. Parece que as poucas máscaras que chegaram já estão acabando. Alguém fala verborragicamente ao celular; alguém se afasta para espiar a intimidade do outro com um gesto nervoso. Todo movimento alheio é suspeito, qualquer inadvertência é fonte de apreensão. O próximo é fonte de contágio — o contágio está próximo. A solidão da metrópole se reúne em uma fila melancólica, enquanto aqui e ali surgem as velhas sombras da competição. Nenhum sinal de afabilidade ou cortesia. É, pelo contrário, o tempo da mediocridade agressiva. Quem conseguiu agarrar as mercadorias logo desaparece curvado sobre si mesmo, com uma pressa nervosa e descuidada.

O pânico inicial, exorcizado nas sacadas dos prédios, foi substituído por uma sensação de tristeza, de perplexa e amarga resignação. Por mais quanto tempo? Quando vai acabar? Quem estava convencido de que era uma gripe normal teve, a contragosto, de mudar de ideia. Contrariedade, frustração e mal-estar pontuam o cotidiano.

Se o coronavírus afeta o corpo, a pandemia também é uma emergência psíquica. Pouco se fala sobre isso nos debates públicos, como se fosse um tabu que deve ser removido. Mas quem decide o que é vital? Toda pessoa está exposta à fragilidade e à mortalidade. Temos de nos agarrar à vida, nos proteger, defender nosso organismo. No entanto, as restrições destinadas a salvar vidas têm efeitos deletérios na existência, paralisando as relações humanas, criando obstáculos aos contatos emocionais. Em alguns casos, a falta dos outros pode ser até mesmo mortal. O drama dos suicídios está na ordem do dia.

O risco das prisões domiciliares em massa é uma implosão psíquica com resultados imponderáveis. Os medos se multiplicam: adoecer, perder o trabalho, ser abandonado, terminar intubado. O choque viral causa tristeza, raiva, irritabilidade, depressão e insônia. Há explosões de violência contra as mulheres. Não é verdade que apenas quem já tem problemas psíquicos se sente afetado pelo confinamento. A existência de muitos mudou da noite para o dia. O nada parece devorá-la. O trabalho, as atividades habituais, a rotina frenética — tudo foi, de repente, suspenso. Amigos, parentes, conhecidos nada mais são que vozes distantes, rostos filtrados por telas. A técnica torna menos insuportável a distância, enquanto se mostra sempre mais evidente a diferença entre a solidão buscada, ambicionada, e o isolamento forçado.

É uma existência entre parênteses, mal suportada, na espera espasmódica de que a espera acabe. O mal-estar se agrava e se prolonga. Ainda mais agora quando se amplia a ideia de que a forma de vida não será mais aquela de antes e, mesmo nos mínimos detalhes, será modificada e talvez reorganizada globalmente.

Nem todas as pessoas têm os meios para enfrentar a angústia de uma existência entre parênteses, a capacidade de elaborar a angústia. Perante a moda presunçosa e vã dos diários ecoa a ciranda de consultores, influenciadores, pseudopensadores de última hora, que dão conselhos não solicitados e receitas baratas.

A existência desejosa, que espera ao lado da janela da quarentena, sem a droga do estresse, simplesmente fica entediada. O tempo tem uma duração dolorosa, uma amplitude atenuada e, no fundo, não é senão uma dilatação interna, em que tudo parece indiferente e sem sentido. A ocupação e a dispersão foram substituídas pelo tédio massacrante e insuportável, no qual a única coisa a fazer é matar o tempo. O vírus, assim, traz à tona o que os filósofos chamaram de inautenticidade, ou seja, a ausência de um projeto. Sofre-se com o medo de ser privado do mundo, com o tédio por não reencontrar o sujeito perdido e atarefado. O tédio não é o limiar de um despertar, uma nova luz lançada sobre a existência. E aparecem, então, em nossa mente, as palavras de Walter Benjamin: «O tédio é o pássaro de sonho que choca os ovos da experiência. O menor rumor nas folhagens o assusta. Seus ninhos — as atividades intimamente ligadas ao tédio — já se extinguiram nas cidades e estão em vias de extinção no campo».

Confinamento e vigilância digital

Trancada no quarto, olhando de uma parede a outra, passei, de repente, a pensar em quem vive a prisão todos os dias, quem compartilha seu espaço limitado com outras pessoas e sofre com o tempo infligido em sua nudez. A prisão é a monotonia sem futuro, é o tempo encarcerado. Estamos anestesiados diante da infelicidade dos outros — especialmente se estão presos. Nosso olhar sobre eles é o do Estado. A desolação penitenciária não é uma fuga. A invisibilidade e o abandono fazem parte da condenação. «É necessário fechar as portas e jogar as chaves!» Essas palavras, cada vez mais frequentes, são ditas por uma presunçosa frieza vingativa. A brutalização da segurança requer mais muros, mais arame farpado, mais prisões. Alguns moderados pedem menos superlotação, mais «direitos». E o assunto está liquidado. Direito na prisão não é uma contradição em termos? Estar dentro, entre promiscuidade, falta de cuidados, ruptura de todos os laços, tem uma função reparadora e corretiva. Se isso não for verdade (e precisamos duvidar disso), deve-se admitir que as cidades estão circundadas por fábricas de sub-humanidade expulsa do mundo comum, banida da cidadania. Em grande parte, os presos são pobres, desempregados, imigrantes, nômades, prostitutas, usuários de maconha.

Quando as primeiras medidas de anticontágio foram impostas na Itália, explodiram as rebeliões nos presídios. Em Roma, Veneza, Rimini, Nápoles. Poucas imagens passaram nas telas: tropa de choque, viaturas, drones, gás lacrimogêneo. Disseram-nos que treze prisioneiros haviam morrido, talvez quinze. Por metadona encontrada nos ambulatórios prisionais. Nenhuma lesão sobre os corpos. Depois tudo foi esquecido. Quem está na prisão já se encontra ali para que não deixe rastros.

Em 2 de abril de 2020, aproximadamente metade dos habitantes da Terra, quase quatro bilhões de pessoas, foi forçada ou convidada pelos governos a ficar em casa. As medidas para conter a propagação da Covid-19 são isolamento, quarentena e, em alguns casos, toque de recolher. O decreto tuitado em todos os lugares é #euficoemcasa. É um episódio sem precedentes.

O confinamento é uma nova fronteira tácita instalada em nossa intimidade. Será por alguns meses? Podemos apenas nos resignar. Ou se tornará uma medida geral de segurança eficaz, também eficiente depois da epidemia? As prisões domiciliares em massa são uma suspensão singular em que tudo desacelerou. Uma parada do tempo e um tempo aprisionado, metáfora de uma época histórica projetada na reiteração. Fábricas, escritórios, escolas, universidades, negócios, lojas de departamento, bares, restaurantes, cinemas, teatros, estádios, até igrejas, sinagogas, mesquitas, tudo fechado. Interditados os encontros, os jantares com amigos. Cada um está diante de um enorme vazio. A comunidade como sempre perdida. Os aplausos e as músicas nas sacadas, as inumeráveis *lives* no Instagram e no Facebook não são senão tentativas vãs de reproduzi-la, ou seja, ritos improvisados para elaborar o luto. Chora-se pela *pólis* desaparecida. O espaço público se retraiu; talvez ainda reste dele apenas uma aparência. Irá contribuir para uma futura despolitização da vida?

Metade do mundo em prisão domiciliar não significa uma prisão generalizada. Qualquer comparação é sem sentido. Por mais severas que sejam

as medidas restritivas, por mais ameaçadora a pan-
-optização da sociedade monitorada por vídeos, controlada, patrulhada, o limiar da prisão não falha. Por
um lado, o mundo lá fora, por outro, o mundo encarcerado. A diferença permanece.

Morre-se infectado; mas também se pode morrer confinado, distanciado, abandonado... Seria
melhor, então, aceitar temporariamente o socorro
do digital? *Contact tracing*, aplicativo para testar a
imunidade, aplicativo para autodiagnóstico, câmeras térmicas e oxímetros, radar para os *covidpositivos*,
plataformas de dados epidemiológicos e de testes
diagnósticos. Seremos rastreados, monitorados, geo-
localizados. Em parte, já somos. Por que não apro-
veitar o vento digital que sopra via cabos imateriais?
Por que não libertá-lo na corrida contra o coronavírus? A comunicação digital é viral. Talvez pudésse-
mos prevenir a Covid-19 e derrotá-la em seu próprio
terreno, ou melhor, no fluxo aéreo.

Eis, portanto, em toda a sua ambivalência,
a escolha entre confinamento e controle digital.
Culturas diferentes influenciam decisivamente.
Nos países asiáticos, a coleta de dados pessoais, as
fichas completas dos cidadãos, às vezes até mesmo
a avaliação, agora são hábitos adquiridos. Nos países

europeus, tudo isso seria impensável. O senso crítico, especialmente nessas questões, é muito alto. Apesar disso, diante do cenário brutal do confinamento, versão extrema do distanciamento, fica difícil resistir.

Como em outros âmbitos, o vírus tem um poder iluminador e se concentra na relação complicada com os dispositivos digitais. Por um lado, não podemos mais ignorá-los, porque significaria ficarmos sem nossos contatos virtuais, deixarmos de ser informados, sair do *mcmundo*; por outro, não gostaríamos que se tornassem fonte contínua para sermos seguidos por todos os lugares, espiados em nossa intimidade, vigiados e julgados até mesmo por nossas práticas sanitárias. Não faltam casos que nos provocam escândalo e nos levam a refletir. Na Coreia do Sul, onde o contágio é seguido digitalmente, tornaram-se conhecidos os movimentos de cidadãos infectados, expondo-os, assim, à humilhação pública. Na China, chegou-se a um aplicativo que controla o status de saúde e envia um código vermelho, verde ou amarelo para permitir a saída de uma pessoa de casa, sua permanência no trabalho, ou para que possa entrar em uma loja ou em um restaurante.

O que, apesar do primeiro trauma, se torna hábito corre o risco então de passar despercebido.

Como se pode ter certeza de que medidas digitais, talvez agora imprescindíveis, desaparecerão depois que a emergência terminar? Até que ponto não serão os próprios governos a tirar vantagem delas, para não falar das grandes empresas privadas?

O entusiasmo pela transparência é compartilhável na época em que a confiança mútua é colocada a duras provas pela distância, e a rastreabilidade generalizada parece compensar a proximidade perdida. Mas a transparência instaura um regime permanente de visibilidade em que todos são denunciados a uma inquisição potencial. Quem sabe qual palavra, qual gesto ou qual movimento poderá um dia constituir o traço para uma acusação que, ainda indefinida, já paira sobre nós? O coronavírus nos projeta rapidamente na era da psicopolítica digital?

A vigilância da rede, essa teia gigantesca, em que todos são espiados por um imenso olho invisível atrás da tela, é a versão mais recente do pan-óptico. A não ser que se concorde em ser banido na transparência — e já fazemos isso de bom grado.

Crueldade do crescimento

Na tarde de 8 de março, quando a Itália ainda não estava na zona vermelha, e, apesar disso, as hospitalizações por Covid-19 aumentavam exponencialmente, recebi via WhatsApp a mensagem desconsolada de um cardiologista que, da terapia intensiva de um hospital de Milão, descrevia em detalhes a situação dramática vivida ali, enquanto manifestava em tons exacerbados a terrível tarefa de escolher quem tinha «mais expectativa de vida».

Os respiradores não foram suficientes — não para todos. Quem era mais avançado em idade ou tinha outras patologias foi logo descartado na chegada, no corredor, de acordo com os critérios da «ética clínica». Isso também aconteceu em outros lugares da Europa. E especialmente nos Estados Unidos. Inicialmente a opinião pública parecia relutante em acreditar no fato; depois, a incredulidade se transformou em profundo desdém. Então desabrocharam os efeitos desastrosos provocados pelo neoliberalismo na saúde pública.

Foi um choque simbólico adicional, que intensificou o primeiro, impactando ainda mais a sensação de onipotência. Remoção de riscos infecciosos e falta de prevenção, acompanhadas de uma confiança equivocada nas capacidades de proteção dos doentes, mesmo em casos de emergência, levaram a uma paralisia dos sistemas de saúde em muitos países ocidentais. Isso é sintoma de uma política que acredita estar precavida de qualquer imprevisto graças à existência de um mercado interconectado e ao seu edificante controle. Assim, o lucro extra privado prevaleceu sobre o bem público da saúde, e os interesses das empresas farmacêuticas, o poder das empresas e os negócios dos produtores tiveram prioridade sobre a vida dos cidadãos.

A falta de tratamento e equipe médica para reagir rapidamente, o modelo ventilado da «imunidade de rebanho» e a negação sistemática da pandemia são aspectos diferentes, e certamente não imediatamente comparáveis, da crueldade do capitalismo, que desta vez mostra seu aspecto mais sutil e repugnante. Contudo, é possível que uma crise sanitária como esta — desde que o perigo pandêmico permaneça impresso na sensibilidade comum — seja a chance de reviver uma luta não só para a saúde pública, mas também para a preservação do meio ambiente e da biodiversidade. As zoonoses, as doenças transmitidas dos animais aos humanos não são o resultado de uma maldição, o êxito de um desastre natural, mas o sinal de um ecossistema já quase destruído.

A pandemia do coronavírus é constantemente comparada a acontecimentos que perturbaram a história humana no passado. Precisamente ao terremoto de Lisboa, em 1755. Mais frequentemente são evocadas a peste negra de 1348 e a gripe espanhola que, entre 1918 e 1920, matou milhões de pessoas. Sem ignorar possíveis afinidades, é necessário, no entanto, salientar que a pandemia atual, eclodida em um mundo globalizado, é sem precedentes. Não só pela enorme rapidez do contágio, devida não apenas à agressividade do vírus, mas também por causa de sua acelerada circulação planetária. Por isso, a amplitude também se revela diferente: agora nenhuma área geográfica é poupada.

Decisivo é o valor simbólico do choque que inevitavelmente tem consequências sobre uma crise econômica, por sua vez, inédita. O Fundo Monetário Internacional declarou: «Jamais vimos a economia mundial parar dessa maneira». O cenário não é difícil de prever: recessão, falência para muitos, miséria irreversível para os já pobres, fome e escassez nos países africanos. Milhares e milhares de migrantes ainda tentarão a sorte de atravessar o mar e desembarcar em portos europeus.

Embora possa parecer estranho, justamente a peste negra de 1348 representa um marco para reflexão. Por que voltar tão longe no tempo? Essa terrível epidemia também marcou um antes e um depois na história. A partir das histórias e das crônicas que perduraram conhecemos os sentimentos dos sobreviventes por terem entrado em outra época. O céu havia fechado as portas para a época anterior. Quem foi poupado do apocalipse de uma morte nauseante e cruel, que havia ceifado milhões de vítimas, um terço da população europeia, agarrou-se à vida com uma força inusitada e com um ímpeto febril.

Dessa primeira epidemia citadina nasceu o mundo civil do Renascimento. O novo começo, no entanto, abriu espaço para o contágio do enriquecimento. Destacaram-se o bem-estar e o lucro. Para muitos foi uma saída não apenas do estilo de vida camponês e do mundo agrícola que os havia exposto às intempéries, mas também do crescimento natural, da espera das estações e do simples ciclo da reprodução. Paciência e resignação deram lugar à temeridade e audácia. Navegadores genoveses e mercadores venezianos inauguraram a era da expansão europeia, da modernidade empreendedora, lançada para além do oceano em busca do possível, do impossível, mas, sobretudo, do rentável. Primeiros bancos, acumulação de capital. Semelhante àquele salto mortal no mar, o lucro imediato, o lucro extra magicamente triplicado, aumentado dez vezes mais, transfiguraria a vida, faria dela um sonho.

Durou séculos o grande sonho europeu — depois ocidental — da globalização. Enquanto os pesadelos não se multiplicaram. O lucro se revelou não só o selo da injustiça, a garantia de pobreza da maioria, mas também um beco sem saída asfixiante. Por um paradoxo extravagante, já observado, fala-se hoje em «crescimento» para indicar não o cuidado com o mundo, mas, sim, o lucro e o lucro extra. Portanto, não surpreende que o termo «crescimento» tenha agora conotações negativas e, mais que ao produto interno bruto, faça referência a tudo o que deveria ser evitado: crescimento de lucros ilícitos, de lixo e de desperdício, de mal-estar e de envenenamento, de abusos e discriminações. Isso não significa defender e promover um decrescimento. Talvez seja hora de abandonar a linguagem dos balanços e cálculos, sepultando a bandeira do crescimento na qual ninguém parece mais acreditar. É o capital que produz miséria. Em um cenário em que outras riquezas são esvaziadas de sentido, o futuro se sobressai de uma sobriedade convivial, livre do supérfluo, que pode iluminar as relações, pelo contrário, esquecidas da existência.

    Alerta e presságio da memória europeia, a peste negra deveria ensinar que ainda é possível rearticular as formas de vida, que é necessário se questionar por que viver no futuro, que é indispensável olhar para os limites últimos, visto que desaprendemos a sonhar.

O *lockdown* das vítimas

Na noite de 18 de março, um assistente de voo filma de sua sacada uma longa fila de caminhões militares que sai do cemitério de Bergamo, levando para outras cidades os caixões dos mortos. Os crematórios não conseguem mais dar conta de tantos cadáveres. Os faróis dos caminhões piscam, como se pedissem desculpas, sentindo o pranto dessa tarefa, dessa obrigação jamais imaginada. Em pouco tempo o vídeo roda a web e provoca um trauma muito profundo na Itália. São imagens que parecem irromper das trevas do passado de guerra, uma ferida nunca cicatrizada. E são imagens de um direito negado: o rito coletivo de despedida.

Alguns dias depois, o New York Times *publica algumas fotos tiradas por Fabio Bucciarelli; a série integral sai na revista* L'Espresso. *São fragmentos de uma noite na província da Lombardia. Mas naquele caleidoscópio comovente e angustiante, na alternância de olhares perdidos, instantes convulsivos e cenas fantasmagóricas são reconhecidos por todos aqueles que, da China à Espanha, viveram o mesmo drama.*

Como se morre por Covid-19. As sirenes da ambulância evocam aos mais idosos aquelas que, durante a Segunda Guerra Mundial, alertavam os bombardeios. Voluntários e enfermeiros usam macacões e máscaras especiais. A aparência é perturbadora. A humanidade ainda escapa pelos gestos e pelas dobras descobertas do rosto. Surgem para separar — os filhos dos pais. Desaparece toda uma geração, aquela que era guardiã da memória. Os vizinhos olham consternados e cautelosos. O vírus não perdoa. Tudo começa com um mal-estar geral e uma tosse seca que poderia ser tomada como sintoma de uma gripe comum. Não é assim. O vírus ilude, engana. A falta de ar aumenta, as respirações tornam-se mais rápidas e superficiais. Os lábios azulados indicam hipoxemia, isto é, falta de oxigênio. Esse bem havia sido esquecido, ocultado por muitos outros bens de consumo, que não são necessários.

A vida cotidiana é capturada em fotografias durante os longos períodos de confinamento. Os objetos ao redor, um espelho, uma luminária, uma prateleira cheia de lembranças, parecem não fazer mais sentido. Há quem se recuse a ir aos hospitais — melhor morrer em casa. Outros se deixam levar por essa batalha decisiva. Parentes são deixados para trás; o vírus os mantém à distância. E são dilacerados por sentirem culpa: mandar uma mãe para morrer sozinha. A ambulância voa para o hospital abarrotado de doentes. Têm sorte os que estão hospitalizados. Nas terapias intensivas, os lugares estão reservados aos pacientes com coronavírus que têm uma «chance razoável de sobreviver». Os mais velhos não são revividos; são abandonados em sua solidão. Em alguns casos, o óbito é comunicado só depois. Morre-se sozinho. Em uma solidão diferente daquela que desde sempre acompanha os últimos momentos. O vírus isola mais cedo. Luta-se para respirar intubado, amarrado a máquinas, a cabeça dentro de um tubo de plástico transparente. Sem parentes, sem amigos por perto. Nenhum aceno de cabeça, a última saudação, o simulacro de uma despedida. Na tela de um tablet desaparece uma sombra comovida. A solidão é fria, asfixiante. Enfermeiras e médicos estão ocupados, todos solícitos, atenciosos, incansáveis. E estão todos iguais, cobertos, blindados, protegidos. Anjos da vida, anjos da morte, que depois precisam ser rendidos.

Os necrotérios hospitalares já não são suficientes para armazenar os caixões. O rito religioso é reduzido a poucos gestos, orações apenas sussurradas.

Funerais são proibidos. Até o cemitério está barrado. Os corpos não podem receber os cuidados piedosos que pertencem a um culto imemorial. Devem ser cremados com a roupa que usavam na hora da morte, enrolados em um tecido desinfetante. A burocracia acelera e a certidão de óbito chega rapidamente. Carregam-se cinco, seis caixões de cada vez. Ninguém os acompanha. Não há flores, porque as floriculturas estão fechadas. Os caminhões do exército partem. As procissões lúgubres se repetem pelas rodovias, pelos cruzamentos, pelas ruas secundárias, escoltadas por viaturas policiais. Os mortos não devem perturbar a cidade dos vivos. Mas sob aquelas lonas camufladas estão o senhor da tabacaria, a professora aposentada, o padre dos pobres, o policial, o farmacêutico, a senhora do terceiro andar, um casal de idosos que morreram juntos. Pequenas, grandes histórias de província, subitamente extintas por uma História que nos últimos anos tomou um rumo apocalíptico. Tudo termina assim. Aos parentes são entregues as cinzas. Além de tudo isso, entregar o saco plástico com objetos pessoais se tornou um ato arriscado: um par de chinelos, uma caixa de biscoitos, um relógio.

Mais ou menos tacitamente a morte sempre foi considerada um contágio. Os vivos a rechaçam. Testemunham-no as inúmeras histórias da peste que flagelou os séculos passados. Tucídides escreveu sobre ela. Mas hoje a morte representa a tal ponto um perigo para a vida que desaparece definitivamente por detrás das cortinas da cena pública. Não é tanto uma remoção existencial, mas uma negação política.

Na atual cultura higienizante, a morte deve ser limpada, desinfetada, esterilizada — a ponto de ser evitada e negada. Como se faz com o lixo radioativo e com os resíduos bacterianos. Que agora seja provocada por um vírus desconhecido torna tudo isso nitidamente claro, produzindo até mesmo uma hipérbole impressionante. O risco se torna um brusco *lockdown* das vítimas.

As valas comuns, vistas aqui e ali por algum drone, são uma prova eloquente disso. O que preocupa e causa repugnância não é apenas a modalidade do enterro, ferozmente asséptico, impiedosamente apressado. Perturbadora também é a expurgação da morte da cidade. Assim ocorre em Nova York, onde os cadáveres dos sem-nome, sem-família, sem-dinheiro são descarregados em Hart Island, uma ilha sombria a leste do Bronx. À medida que a infecção progride, não se contam mais os mortos nos necrotérios e os cemitérios estão cheios. É necessário, então, livrar-se rapidamente dos corpos que, no entanto, não puderam ter um funeral, dos pobres já destinados a morrerem em péssimas condições. A prática, na «ilha dos mortos», já estava em uso; mas a pandemia a coloca sob as luzes da ribalta.

Análogo é o caso dos idosos que, em quase todos os lugares, literalmente desapareceram das casas de repouso. Não se sabe o número de mortos. Milhares e milhares. Jamais será possível ter uma lista precisa. Mas, por trás dos números, dos esquemas, das tabelas, há uma geração inteira que é apagada. Desapareceram dessa forma, muitas vezes deixados a morrer sem tratamento, ceifados pelo vírus, o qual, em locais fechados — como em instituições, conventos e prisões —, foi capaz de entrar em ação com facilidade.

Por outro lado, chama-se por um termo adocicado, «casa de repouso», às vezes mitigado por alguma sigla, o grande estacionamento usado para a terceira idade. Luta-se para prolongar a vida, mas, depois, não se sabe o que fazer com a velhice e com os velhos, agora sem o prestígio do passado, reduzidos a um peso morto. A «casa de repouso» não tem nada de repousante, pois é, na verdade, um espaço vazio em que a velhice é segregada e liquidada antes da morte. A velhice é discriminada tal como se discrimina a morte.

No passado, a morte fazia parte do espaço público. Até algumas décadas atrás, nas cidades do sul da Itália, o carro fúnebre atravessava a rua principal entre as vitrines abertas das lojas e os gestos compassados de todos que tiravam o chapéu em sinal de respeito perante a majestade da morte. Agora o distanciamento atingiu seu pico, tornando a separação verdadeira e real. Morre-se anonimamente em clínicas, onde o moribundo já estava confinado. A morte é inserida no ciclo de produção econômica. Por meio de dispositivos técnicos e de remédios narcotizantes se apaga a experiência da morte para quem morre — mas, no fundo, também para quem sobrevive. O eclipse da morte está institucionalizado.

A vida pública não quer ser perturbada por esse desvio incurável, essa anomalia impensável. Foi Heidegger quem emitiu um alerta contra a maneira recorrente e cotidiana de remover a morte, isto é, fugindo dela, ou seja, de seu pensamento, mantendo a fala que lhe dá a aparência de um eterno «não-ainda». Morre-se, mas ninguém morre. Cabe aos outros, não a mim mesmo. É o mal-entendido sugerido pela morte espetacularizada, transformada em mera aparência.

No entanto, essa remoção é exacerbada e consolidada na separação completa que se dá no capitalismo avançado. Os mortos deixam de existir. São proibidos, rejeitados, afastados o máximo possível do centro da cidade, em uma cripta desativada ou em uma urna. A cremação é o auge da liquidação discreta, da desconsagração completa. Prevalece um silêncio sepulcral. Não falamos mais sobre ela. A vida deve ser purgada da morte. O bem-estar dos outros, dos vivos, não pode ser ofuscado ou estragado pela morte, tão obscena, desagradável, inapresentável. A comunidade que antes encontrava expressão no culto aos mortos, na elaboração do luto, cai em desuso, desaparece.

A tentativa de acabar com a morte, de fazê-la desaparecer, de apagá-la, é uma característica do capitalismo, de sua compulsão pelo crescimento, de sua lógica de acumulação. Como explicou em um ensaio recente Byung-Chul Han, «o capital é acumulado contra a morte, que é a perda absoluta». Dessa maneira, imagina-se aumentar a capacidade de sobrevivência, de imunização contra a morte. Mais capital e menos morte — em um conflito épico, um confronto final ditado pelo sonho transumano da imortalidade. Porém, em sua obsessão por alcançar uma vida imortal, o capitalismo acaba obtendo o contrário. Se a fábrica não existe mais, o trabalho está em toda parte; se a morte desaparece, e os corpos são tratados como resíduos contaminantes, então a cidade se torna uma necrópole, um espaço asséptico e estéril da morte.

A história deveria nos ensinar que o crime causado à dignidade da morte mina toda a comunidade, impede o trabalho de luto, inibe a memória. A impossibilidade de elaborar o passado suspende o presente e bloqueia o futuro. Os gestos individuais de despedida, os ritos coletivos da perda são, portanto, indispensáveis. Se a morte é irreversível, não se esgota, porém, na negatividade. Mesmo para os não crentes é uma tarefa o resgate da morte de outras pessoas. Quem sobrevive é chamado a responder — tem uma responsabilidade que vai além do sentido de culpa que o atormenta, para além da obrigação de deferência. Com a morte do outro também termina esse mundo único e insubstituível — que também era um pouco o meu, que também era um pouco o nosso. Perda de mundo, perda de memória. O distanciamento não pode ter o êxito sumário de um *lockdown* das vítimas caso não se queira viver um luto espectral, uma perda inevitável.

A catástrofe da respiração. Indenes?

Talvez saiamos dela com uma carteira de imunidade que ateste nossos anticorpos. Passaremos, quase por hábito, pelos sofisticados scanners térmicos e complexos circuitos de câmeras de segurança, em lugares e não lugares higienizados, mantendo a distância adequada, olhando ao nosso redor, cautelosos e desconfiados. As máscaras não irão nos ajudar a distinguir os amigos e a sermos reconhecidos por eles. Por muito tempo, continuaremos a ver assintomáticos por todos os lugares que, inconscientes, alojam em si a ameaça intangível do contágio. Talvez o vírus já tenha se retirado do ar, desaparecido, dissolvido; mas seu fantasma permanecerá por muito tempo. E ainda sentiremos falta de ar, o fôlego curto.

Poderemos contar o acontecimento histórico que vivemos. Iremos fazê-lo como sobreviventes — inconscientes, talvez, dos riscos que isso esconde. Não só pelas armadilhas da remoção; não só pelo compromisso que a vida tem de trazer em si a vida que não existe mais, de resgatá-la e indenizá-la no trabalho infinito do luto.

A sobrevivência pode inebriar, exaltar. Pode se tornar um tipo de prazer, uma satisfação insaciável, e até mesmo ser tomada como triunfo. Quem viveu além, quem escapou do destino que se abateu sobre os outros, sente-se privilegiado, favorecido. Essa sensação de força, como Elias Canetti observou, prevalece até mesmo na aflição. Como se tivesse dado uma boa prova de si mesmo, tornando-se, em certo sentido, melhor. Banido o perigo, adverte-se a prodigiosa e excitante impressão de ser invulnerável. Justamente essa potência do sobrevivente, sua renovada invulnerabilidade, poderia revelar-se um bumerangue, um dano de retorno, levando-o a acreditar que pode ficar indene também no futuro.

Portanto, sobreviveremos sãos e salvos, imunes e imunizados, talvez já vacinados, cada vez mais protegidos e seguros, lutando por indenizações e subsídios. Celebraremos uma certa resistência, deixando indistinta a fronteira entre luta política e reatividade imunitária. Não poderemos nos considerar veteranos ou sobreviventes de um conflito porque, embora o jargão militar tenha dominado a narrativa midiática, sabemos que não foi uma guerra. Imaginar, então, o que aconteceu seria um erro reiterado, um obstáculo para qualquer reflexão. Não foi uma guerra — ninguém venceu. Muitos foram derrotados sem poder lutar; muitos perderam tudo, integridade e propriedade. Certamente muitas pessoas que possuíam muito menos que outras, as mais indefesas, as mais expostas.

Termos saído indenes dessa inédita e imensa catástrofe da respiração não nos autoriza a acreditar que estamos intactos e inacessíveis ao dano. O subsídio não salva. E a imunidade, mais que um sucesso, inverte-se em seu contrário. É como quando o remédio se revela um veneno. Por isso perde a tentativa de evitar, a todo custo, o dano, de calcular o incalculável, de aumentar as hiperdefesas. O organismo que, na intenção de proteger sua indenização, coloca em circulação a tropa de seus anticorpos para impedir a entrada dos antígenos estrangeiros corre o risco de autodestruição. É isso que as doenças autoimunes mostram. Portanto, devemos nos proteger da proteção. E do fantasma da imunização absoluta.

A respiração sempre foi o símbolo da existência, sua metonímia, seu selo. Existir é respirar. Nada mais natural, nada mais emblemático. No entanto, já a partir do século passado a respiração se tornou um alvo sistemático. Basta pensarmos no uso cada vez mais ampliado e sofisticado de gás e venenos: do cloro, no primeiro front bélico, ao ácido cianídrico, no extermínio, da contaminação radioativa às armas químicas. Mesmo depois parece que a ciência das nuvens tóxicas e a teoria dos espaços irrespiráveis fizeram progressos. Ao ponto de se poder falar, como sugeriu Peter Sloterdijk, em «atmoterrorismo», já que não se mira na vítima visada, mas na atmosfera em que ela vive. Não mais disparos diretos nem responsabilidades evidentes. Quem morre cai sob seu próprio impulso de respirar. De quem será a culpa? A manipulação do ar pôs fim ao privilégio ingênuo gozado pelos seres humanos antes do corte do século xx: o de respirar sem se preocupar com a atmosfera circundante.

    Não é um acaso que a literatura tenha olhado para isso com apreensão. Foi Hermann Broch quem intuiu que a respiração não seria mais um estado natural e diagnosticou que, enquanto o ar acabaria por se tornar um campo de batalha, a comunidade humana seria sufocada pelos venenos usados contra si mesma. O *atmoterrorismo* direcionado ao interior já mostrava traços suicidas. No ensaio *O meridiano*, Paul Celan celebrou a respiração, denunciou seu extermínio, coletou e articulou a agonia das vítimas, promovendo seu resgate na poesia, que ele chamou de «reviravolta da respiração».

Ninguém teria conseguido imaginar essa catástrofe da respiração, causada por um vírus, que parece, no entanto, destacar-se do fundo de uma série desastrosa. O ar há muito tempo perdeu sua inocência. E, após o efeito estufa, o sopro da existência já não é livre, nem natural. A desorientação também significa isto: que a atmosfera, permeada por microrganismos concorrentes, é inabitável e irrespirável. Porém impõe-se a convivência. É nesse contexto que as novas ciências descobrem os sistemas imunitários.

Cresce a desconfiança, aumenta a suspeita. A menos que recorramos a espaços de vácuo, teremos de viver em um ambiente contaminado, infectado e envenenado. A integridade é uma miragem do passado. Para ter condições aceitáveis, o organismo deve votar-se a uma vigília permanente, a uma vigilância insone. Vírus e bactérias estão entre nós. Esses novos coinquilinos agressivos também invadem a intimidade, insidiam a casa antiga, onde tentam se estabelecer. A sociedade da higienização se reúne e a imunidade torna-se uma ideologia. O cuidado obsessivo de si mesmo e a medicalização contínua são o espelho do confinamento seletivo, da recusa convencida à participação, da conservação obstinada. Os sistemas imunitários são os serviços de segurança especializados na proteção e na defesa contra invasores invisíveis, vírus migrantes que fazem reivindicações de ocupação do próprio espaço biológico. A miragem da imunidade anda de mãos dadas com a globalização.

Não se trata apenas de metáforas alusivas. A construção da imunidade — sobre a qual refletiu não por acaso a filosofia mais recente, começando com Jacques Derrida — vai muito além das categorias bioquímicas ou médicas e mostra evidentes características políticas, jurídicas, religiosas e psíquicas.

No globo epidêmico, a biopolítica, em vez de perder valor e relevância, potencializou-se, transformando-se em *imunopolítica*. A catástrofe latente, que atravessa e perturba as décadas do novo século, não é, porém, um risco simples, que faria parte do cálculo governamental dos riscos. Não se pode minimizar seu alcance, diminuir sua intensidade e extensão. A catástrofe é ingovernável e traz à tona todos os limites da *governança* neoliberal. É uma interrupção que marca o curso da história, arranha a existência, muda o habitat, os hábitos, a habitação e a coabitação. Possui o tom do irreversível e o carimbo do irreparável. Nada mais será como antes. O mundo de ontem parece ser o de um passado distante, desaparecido, colapsado. No presente, não poético e lutuoso, a respiração foi abalada.

Mas, em vez de tardar em um relacionamento catastrófico com a catástrofe, é necessário considerar a exigência que a pandemia global trouxe à luz. Não é uma luta entre fronteiras a dos vírus e anticorpos no organismo humano, no qual o si-mesmo e o estranho estão, em vez disso, ligados em um jogo complexo; o sistema imunológico, que intervém com seus volantes e com suas tropas de segurança, corre o risco de ir longe demais. Na intenção de eliminar o outro, o si-mesmo termina por se liquidar ou se expor a doenças autoimunes. O si-mesmo identitário e soberano não se sai tão bem. Mesmo porque presume uma integridade que não existe: no seu interior sempre se verificam microcolisões, pequenas guerrilhas. A chamada «dose infecciosa» é indispensável. Para funcionarem, os anticorpos precisam interpretar o papel dos corpos estranhos, sem se exibirem como autóctones orgulhosos, e nesse papel — o teatro pode ajudar! — precisam se reconhecer como estrangeiros residentes. Esta será a salvação e a saúde. A defesa policial não ajuda nem mesmo neste caso.

Será necessário conviver com esse vírus e, talvez, com outros. O que significa coabitar pelo resto da vida em ambientes complexos, que se sobrepõem e se cruzam, no seio de uma nova covulnerabilidade.

Biblioteca antagonista

1. Isaiah Berlin – Uma mensagem para o século XXI
2. Joseph Brodsky – Sobre o exílio
3. E.M. Cioran – Sobre a França
4. Jonathan Swift – Instruções para os criados
5. Paul Valéry – Maus pensamentos & outros
6. Daniele Giglioli – Crítica da vítima
7. Gertrude Stein – Picasso
8. Michael Oakeshott – Conservadorismo
9. Simone Weil – Pela supressão dos partidos políticos
10. Robert Musil – Sobre a estupidez
11. Alfonso Berardinelli – Direita e esquerda na literatura
12. Joseph Roth – Judeus Errantes
13. Leopardi – Pensamentos
14. Marina Tsvetáeva – O poeta e o tempo
15. Proust – Contra Sainte-Beuve
16. George Steiner – Aqueles que queimam livros
17. Hofmannsthal – As palavras não são deste mundo
18. Joseph Roth – Viagem na Rússia
19. Elsa Morante – Pró ou contra a bomba atômica
20. Stig Dagerman – A política do impossível
21. Massimo Cacciari, Paolo Prodi – Ocidente sem utopias
22. Roger Scruton – Confissões de um herético
23. David Van Reybrouck – Contra as eleições
24. V.S. Naipaul – Ler e escrever
25. Donatella Di Cesare – Terror e Modernidade
26. W.L. Tochman – Como se você comesse uma pedra
27. Michela Murgia – Instruções para se tornar um fascista
28. Marina Garcés – Novo esclarecimento radical
29. Ian McEwan – Blues do fim dos tempos
30. E.M. Cioran – Caderno de Talamanca
31. Paolo Giordano – No contágio
32. Francesca Borri – Que paraíso é esse?
33. Stig Dagerman – A nossa necessidade de consolação...
34. **Donatella Di Cesare – Vírus soberano? A asfixia capitalista**

Fonte Arnhem
Impressão Formato
Papel Pólen Bold 90g/m²
Belo Horizonte, agosto de 2020